西南聯大

神话通识课

闻一多 等著

天津出版传媒集团

天津人民出版社

图书在版编目（CIP）数据

西南联大神话通识课 / 闻一多等著. -- 天津 : 天津人民出版社, 2024.5

ISBN 978-7-201-20466-6

Ⅰ.①西… Ⅱ.①闻… Ⅲ.①神话 – 中国 Ⅳ. ①B932

中国国家版本馆CIP数据核字(2024)第091382号

西南联大神话通识课
XINAN LIANDA SHENHUA TONGSHIKE

闻一多　等著

出　　版	天津人民出版社
出 版 人	刘锦泉
地　　址	天津市和平区西康路35号康岳大厦
邮政编码	300051
邮购电话	（022）23332469
电子信箱	reader@tjrmcbs.com

责任编辑	玮丽斯
监　　制	黄　利　万　夏
营销支持	曹莉丽
特约编辑	邓　华　顾忻岳
装帧设计	紫图图书ZITO

制版印刷	艺堂印刷（天津）有限公司
经　　销	新华书店
开　　本	880毫米×1230毫米　1/32
印　　张	10.25
字　　数	236千字
版次印次	2024年5月第1版　2024年5月第1次印刷
定　　价	69.90元

版权所有　侵权必究
图书如出现印装质量问题，请致电联系调换（022-23332469）

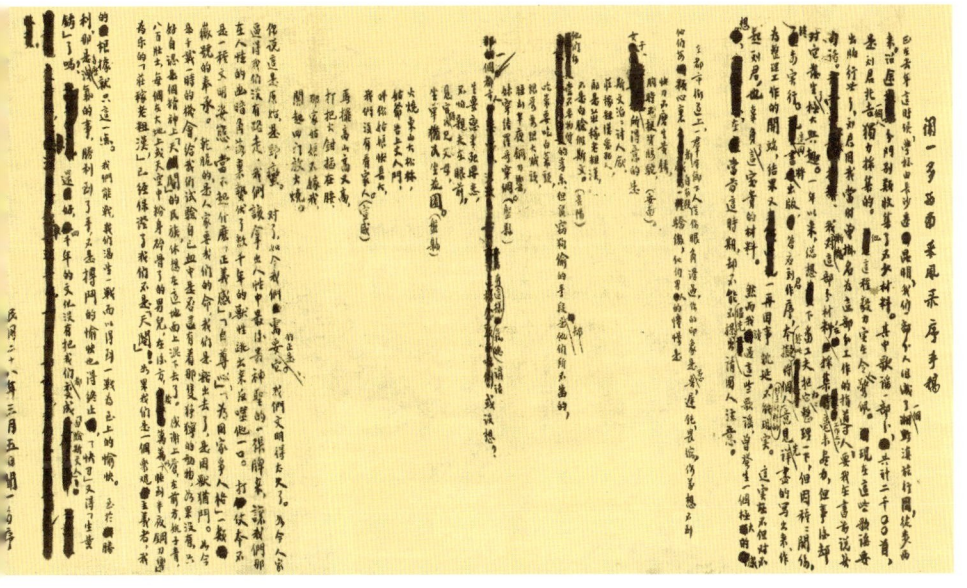

闻一多《西南采风录》序言手稿

  闻一多历来重视神话传说的研究,即使在联大南迁至昆明的路上,也不忘携学生刘兆吉等采集调研沿途少数民族地区的民歌、民谣及民间传说。著名语言学家马学良回忆:"每到一处山寨,他顾不得安顿住处,也顾不得沿途的疲劳,一到宿营地就带着我们几个年轻人走家串户,采风问俗。"闻一多认为,在抗日存亡的关键时期,更需要用"野蛮文化"的虎虎生气来武装民众,用这种"打把火钳插在腰""关起四门把火烧""睡到半夜钢刀响"的富有血性的战斗精神来对抗侵略者,在"粉身碎骨"中"豁出去""得以一战",以争取民族生存、国家独立和人民解放。到昆明后,闻一多帮助刘兆吉将这些民歌、民谣整理成《西南采风录》,并亲自为之作序。

1946年2月27日，闻一多在西南联大召开的"庆祝政治协商会议成功、抗议重庆二一○惨案、坚持严惩一二·一惨案祸首"大会上演说

闻一多不仅是伟大的诗人、学者、教育家，还是演说家。他的口才极佳，因此讲课也讲得极好。汪曾祺先生回忆说："闻先生教古代神话，非常'叫座'。不单是中文系的、文学院的学生来听讲，连理学院、工学院的同学也来听。工学院在拓东路，文学院在大西门，听一堂课得穿过整整一座昆明城。闻先生讲课'图文并茂'。他用整张的毛边纸墨画出伏羲、女娲的各种画像，用摁钉钉在黑板上，口讲指画，有声有色，条理严密，文采斐然，高低抑扬，引人入胜。闻先生是一个好演员。伏羲女娲，本来是相当枯燥的课题，但听闻先生讲课让人感到一种美，思想的美，逻辑的美，才华的美。听这样的课，穿一座城，也值得。"

陈梦家与赵萝蕤夫妇

  1927年,陈梦家在第四中山大学(后称中大)读书时成为闻一多的学生,他深受老师影响,对诗歌和神话产生了兴趣。闻一多也一直钟爱这位学生,1937年推荐他到西南联大任教。陈梦家没有辜负老师的希望,不仅成为与闻一多、徐志摩、朱湘并列的"新月诗派的四大诗人"之一,还在神话、甲骨学、殷周铜器断代及铭文研究、汉简和古代文献的综合研究方面有卓越贡献。与闻一多偏重从古典诗词寻找与神话的关系,讲授瑰奇的想象美学不同,陈梦家的神话课,更善于从甲骨文、金文中寻找神话体系,他对"巫"的讲授,是对闻一多的神话课的拓展和补充。

1938 年西南联大"湘黔滇旅行团"教师合影
左起：李嘉言、郭海峰、李继侗、许维遹、黄钰生、闻一多、袁复礼、曾昭抡、吴征镒、毛应斗（缺王钟山）

  维系闻一多和陈梦家师生情谊的，还有当时西南联大教授中广泛达成一致的民族救亡图强的信念。闻一多的爱国精神，早已是人人称道的典范。他发誓"抗战不胜，誓不剃须"，直到 1945 年 8 月 15 日，日本宣布无条件投降，他才将留了 8 年的长髯剃掉。而陈梦家曾在 1932 年赶赴淞沪前线，抢救伤患。他在北平青年会南厅发表题为"秋天谈诗"的讲演中说："让我们个人的感情渐渐溶化为整个民族的感情，我们的声音化作这大群人哀泣的声音，不只是哀泣，还有那种在哀泣中一声复兴的愿望。"

（由于年代久远，以上原图均为模糊黑白照，彩色复原效果经由 AI 技术处理。）

写在"西南联大通识课"丛书出版前

在艰苦的抗日战争时期,为赓续中华民族的文化血脉,北京大学、清华大学、南开大学以国家民族大义为己任,辗转南迁,在祖国的西南边陲合组国立西南联合大学(简称"西南联大"),在极度简陋的环境中坚持办学。近九年的弦歌不辍中,西南联大以文化抗衡日本帝国主义的铁骑,竖起了一座高等教育史的丰碑,为国家和民族留下一笔宝贵的历史财富的同时,亦为现代的中国在对话世界的过程中展示了中华民族在艰难岁月中坚韧不拔的精神气质,赢得世界的认可。

时光虽然过去八十多年,但是西南联大以其坚守、奋发、卓越,向我们展示了中华民族在寻求民族独立、民族解放、民族富强的道路上的决心。西南联大以她的方式在教学、科研、育人、生活、服务社会等多维的方面,既为我们记录了他们对古老中国深沉的爱,也以时间画卷展现了他们在民族危亡时始终坚定胜利和孜孜寻求中国现代化的出路，并且拼命追赶着世界的步伐。为此，我始终对西南联大抱有着崇高的敬意和仰望。

我想这套书的出版，既是为历史保存，也是为时代讲述。从书中我们可以从细微处感知那一代人他们是那么深沉地爱着她的国家，爱着她的人民。我们会发现，抗战中的西南联大从历史走来，回归到了百年的民族梦想和现代化的道路中来审视她的价值。我想，细心的读者可以发现，历史从未走远。

用朱光潜先生的话来做引：读书不在多，最重要的是选得精，读得彻底。期待读者在选读中，我们一起可以慢慢从历史、哲学、文学、美学等一个个侧面品味西南联大与现代中国是如何向世界讲述中国故事。这便是我读这套书的感受。是为序。

西南联大博物馆馆长
李红英
于西南联大旧址
2022 年 10 月 12 日

编者的话

西南联大诞生于民族存亡之关头，与抗日战争相始终。前后虽仅存 8 年多时间，但其以延续中华文脉为使命的"刚毅坚卓"，"内树学术自由之规模，外来民主堡垒之称号，违千夫之诺诺，作一士之谔谔"（西南联大碑文语），培育了众多国家级、世界级的人才。不仅创造了世界教育史上的伟大奇迹，更引领思想，开启了中国现代文化史上的绚烂篇章。

弗尼吉亚大学约翰·伊瑟雷尔教授说，"这所大学的遗产是属于全人类的"。"西南联大通识课"丛书，正是我们以虔诚之心，整理、保留联大知识遗产所做的努力。

联大之所以学术、育才成果辉煌，是因其在高压之下仍坚持教授治校、学术自由的校风宗旨，也得益于其贯彻实施通识教育理念。通识教育（general education）是指对所有学生所普遍进行的共同文化教育，包括基础性的语言、文化、历史、科学知识的传授，个性的熏陶，以及不直接服务于专业教育的人人皆需的一些实际能力的培养，目的在于完备学生知识结构，让其"通"和"专"的教育互为成就，进步空间更大。

近年来，"通识"学习需求在社会中表现得越来越普遍，对自己知识素养有所要求的人，亦会主动寻找通识读物为自己充电。这让我们产生了将联大教授的讲义、学术成果整理编辑为适用当下的通识读本的想法，也为保留传承联大知识遗产做出一点小小贡献。

通识课得有系统性，所以我们先根据学科框架设定章节，再从联大相应教授的讲义或学术成果中选取相应内容构成全书。

即便我们设定了每本书的主题，但由于同时选入多位教授的作品，因教授风格之不同，使得篇章之间也显示为不同风格。不过，这也正好是西南联大包容自由、百花齐放的具体表现。

联大教授当时的授课讲义多有遗失，极少部分由后人或学生整理成书。这些后期整理而成的出版物，成为我们的内容来源之一。更多教授的讲义，后被教授本人修订或展开重写，成为其学术著作的一部分。其学术著作，就成为我们的又一内容来源。因此，我们的"西南联大通识课"丛书基本忠实于联大课堂所讲内容，但形态已经不完全是讲义形态。

为了更清晰地表现通识课读本结构，我们对部分文章进行了重拟标题以及分节的处理，具体在书中以编者注的方式给予说明。

由于时代语言习惯不同形成的文字差异，编者对其按现今的使用方法作了统一处理。译名亦均改为现在标准的通用译名。出于对教授原著的尊重，编者保留了三位教授在著作中援引的通假字、异体字等。核对原文后确实失轶文字之处，以虚缺号"□"占位标明，敬请读者慧眼甄别。

《西南联大神话通识课》一书收录西南联大教授的神话研究名篇，共八讲，力图还原西南联大历史上深受欢迎的课程——"古代神话"的风貌。篇目选自闻一多、吴晗、陈梦家三位先生的讲义和学术成果。

目 录

第一讲
神仙思想的来源 闻一多

3 | 神仙思想之发展
12 | 神仙说及其理论与技术

第二讲
伏羲考 闻一多

37 | 引论
47 | 从人首蛇身像谈到龙与图腾
83 | 战争与洪水
90 | 汉苗的种族关系
94 | 伏羲与葫芦

第三讲
司命考　闻一多

113 ｜ 从空桑说起

114 ｜ 虚北二星

116 ｜ 冬与阴阳

117 ｜ 由空桑到九冈

第四讲
高唐神女传说之分析　闻一多

121 ｜ 候人诗释义

128 ｜ 候人诗与高唐赋

131 ｜ 释陼

137 ｜ 虹与美人

142 ｜ 曹卫与楚

144 ｜ 高唐与高阳

149 ｜ 高唐神女与涂山氏

153 ｜ 云梦与桑林

158 ｜ 结论

161 ｜ 补记

第五讲
西王母的传说　吴晗

169 ｜ 西王母故事的衍变
204 ｜ 西王母与牛郎织女的故事

第六讲
水的神话　陈梦家

219 ｜ 水虫与治水者
230 ｜ 旱神妭的改造
232 ｜ 帝赐雨——上帝与先祖的分野

第七讲
巫　陈梦家

237 ｜ 女巫之衰
239 ｜ 巫的职事
241 ｜ 王者为群巫之长
244 ｜ 巫即舞——卜辞称巫为戉
247 ｜ 舞与歌的发生
249 ｜ 祓禳

第八讲

《山海经》中的神话系统　吴晗

256 | 黄帝

259 | 颛顼

262 | 帝俊

267 | 大皞

268 | 少皞

270 | 炎帝

273 | 鲧与禹

276 | 夏后启

278 | 伯夷及南岳

279 | 羿的故事

280 | 稷

282 | 帝，女娲，尧与汤及其他

285 | 蚩尤，昆吾，穷奇，夔，窫窳及其他

第一讲

神仙思想的来源

闻一多

所谓神仙者,
实即因灵魂不死观念逐渐具体化而产生出来的
想象的或半想象的人物。

闻一多 （1899—1946） 西南联大中文系教授

本名闻家骅，字友三，湖北浠水人。中国现代诗人、学者、民盟盟员、民主战士。曾先后担任武汉大学文学院院长、清华大学国文系教授、西南联合大学中文系教授。出版有诗集《红烛》《死水》等。

神仙思想之发展

大多数铜器铭文的最大共同点，除了一套表示虔敬态度的成语外，就是祈眉寿一类的嘏辞①。典型的儒家道德观念的核心也是个"敬"字，而《洪范》五福第一便是寿。这表明以"寿"为目的，以"敬"为手段，是古代人生观最大特色。这观念的背景是什么呢？原来"敬""惊""儆"最初只是一字，而"祈眉寿"归根无非是"救命"的呼声。在人类支配环境的技术尚未熟练时，一个人能不死于非命，便是大幸，所以嘏辞又曰"霝冬"，《诗》曰"令终"②，五福之五曰"考终命"，皆以善终为福。曰"眉寿"，曰"令终"，可见那时的人只求缓死，求正死，不作任何非分之想。《诗》及嘏辞又曰"祈黄

---

① 详徐中舒《金文嘏辞释例》。
② 《大雅·既醉》。

发""祈黄耇"①，这又表明人为求缓死而准备接受缓死的条件。他说：既然死可缓而老不可却，那就宁老而勿速死。横竖人是迁就天的。大概当时一般中国人都这样想。唯独春秋时齐国及其邻近地带的人有些两样，而提出了"难老"的要求：

以旂眉寿，霝命，难老。(《齐镈盘》)

用旂眉寿，霝命，难老。(《齐叔夷镈》)

用旂匄眉寿，其万年，霝冬，难老。(《殳季良父壶》)②

永锡难老。(《鲁颂·泮水》)

---

① 《小雅·南山有台》"遐不黄耇"，《大雅·行苇》"以祈黄耇，黄耇台背"，《商颂·烈祖》"黄耇无疆"，《仪礼·士冠礼》同。《鲁颂·閟宫》"黄发台背"，又"黄发儿齿"，《书·秦誓》"尚犹询兹黄发"，《韩诗外传》五"吾受命国之黄发"。案《诗》言"黄耇台背"，是黄耇即黄发。耇盖读为亳，(《庄子·知北游》"而不失豪芒"，唐写本豪作钩，《淮南子·道应》亦作钩，是其比。) 豪亦发也。台读为怠，(《楚辞·九辩》"收恢台之孟夏兮"，台一作怠，《文选·舞赋》"舒恢怠之广度"。)《说文》曰："怠，灰怠，煤也"，一作炱，《素问·风论》"其色炱"，王注"炱，黑色也"，案怠浅于黑，今所谓灰色是也。"黄耇"与"台背"对文。《论衡·无形》曰："人少则发黑，老则白，白久则黄。人少则肤白，老则肤黑，黑久则黯，若有垢矣，发黄而肤有垢，故《礼》曰'黄耇无疆'，《诗》《书》有言'黄发'者。"案王氏谓人老极则发黄肤黯，甚是，其读耇为垢，而以黄、耇二字分指发肤，则不确。

② 《海内经》"炎帝之孙伯陵，伯陵同吴权之妻阿女缘妇，缘妇孕三年，是生鼓、延、殳，始为侯"，郭注曰"三子名也"。案《周语》下"则我皇妣大姜之侄，伯陵之后，逢公之所凭神也"，韦注曰"大姜，大王之妃，王季之母，姜女也……伯陵，大姜之祖，有逢伯陵也。逢公，伯陵之后，大姜之侄，殷之诸侯，封于齐地。"《左传·昭公二十年》"昔爽鸠氏始居此地，(齐) 季萴因之，有逢伯陵因之，蒲姑氏因之，而后大公因之"。据此，则殳是殷时据有齐地之姜姓诸侯逢伯陵的别封。周时殳国所在地未详，想与齐必相去不远。

然而曰"难老"而不曰"不老",措辞总算有些分寸,这样事实上也还相对的可能。若想到"不死",如:

齐侯(景公)至自田,晏子侍于遄台……饮酒乐,公曰:"古而无死,其乐若何?"(《左传·昭公二十年》)
用祈寿老毋死。(《齐鎛铸》)

那就近乎荒唐了。景公酒酣耳热,一时失言,犹可原谅。《齐鎛铸》则是宗庙的祭器,何等严重,何以铭词中也载着这样的怪话?怪话何以又专出自齐人之口呢?学者必联想到战国时齐国的方士,以及一般人所深信的神仙说出于齐地的观念,因而断定这不死观念即神仙说之滥觞。至于神仙说何以产生在齐,则大家似乎已经默认了,是由于齐地滨海,海上岛屿及蜃气都是刺激幻想的对象。这两说都有相当的是处,但都不免把问题看得太简单了。实则春秋时的不死观念不会直接产生战国时的神仙说,齐国(山东半岛)也并非神仙的发祥地,因之海与神仙亦无因果关系。齐之所以前有不死观念,后有神仙说,当于其种族来源中求解答。

齐姜姓,四岳之后,春秋有姜戎,自称亦四岳之后[①],看来齐与姜戎本是同种。同姓之国,或在诸夏,或在四夷,这种情形在春秋时太

---

① 姜戎,陆浑戎之一种,本居瓜州,为秦人所迫逐,归于晋,惠公赐以南鄙之田,以供晋之兵役。见《左传》僖公二十二年、襄公十四年、昭公九年,襄公十四年戎子驹支曰:"我诸戎是四岳之裔胄也。"

寻常了。但遇到这种情形时，有一问题不易回答，即此种氏族的共同祖先，本属诸夏集团呢，还是夷狄集团？以姜姓为例，也许姜戎是夷化了的诸夏，也许齐、吕、申、许、向、纪、州、鄣、厉等是华化了的夷狄。按普通的想法，似乎倾向前说者居多。实际上后说的可能性一样大。周人所谓戎，本是诸异族的大名。以血族言，一部分西戎是羌族，姜、羌一字，或从女，或从人，只性别不同。因之种名从人，姓氏从女，实质上也没有分别。周与羌族世为婚姻，弃母姜嫄，太王娶太姜，武王娶邑姜，皆姜族女。参与牧野之战的"西土之人"中的羌，大概就是武王的外家，而太公很可能就是他们的君长。太公以宗亲，兼伐纣有大功，受封于吕，这是这支羌人内徙与华化的开端。后来太公的儿子丁公，又以平蒲姑有功，领着一部分子姓就地受封，都于营邱，是为齐国①。蒲姑是商世大国，东方文化的一个中心，丁公的子孙世居其地，华化的机会更多了。齐之内迁与华化，其事和他同姓的申同类。《周书·王会》有西申，次在氐羌之前，应该也是羌族，南阳的申国即其种人之内徙而华化者。《大荒北经》"有北齐之国，姜姓，使虎豹熊罴"，此齐人之留在夷狄者。齐有北齐，申有西申，可证其先皆自夷狄迁来，本不属于诸夏集团。至于姜戎之逼处华夏而迟迟未被华化，则又似与莱人同类。莱亦姜姓，大概是和丁公同搬到东方的一支羌族，不知为什么和丁公决裂了，被摒弃在海滨，许久未受诸夏同化。同一种姓，或同化，或不同化，这许多原因中，婚姻许是一个重要的因子。齐、申皆周室的宗亲，故同化的时期早而程度深，

---

① 见傅斯年《大东小东说》。

莱、姜戎不与诸夏通婚，故终春秋之世未被同化。[1]

由上观之，齐人本为西方的羌族，大致不成问题，现在我们就根据这点来探寻他们那不死观念的来源。

《墨子·节葬下》曰：

> 秦之西有仪渠之国者，其亲戚死，聚柴薪而焚之，熏上，谓之登遐。

仪渠即义渠，当是羌族，《吕氏春秋·义赏》曰：

> 氐、羌之民，其虏也，不忧其系累，而忧其死不焚也。

并可证。以上所说都是火葬，火葬的意义是灵魂因乘火上天而得永生，故古书所载火葬俗流行的地方，也是"不死"传说发生的地方。今甘肃、新疆一带，正是古代羌族的居地，而传说中的不死民、不死之野、不死山、不死树、不死药等（参见文末补注一）也都在这里。很可能齐人的不死观念是当初从西方带进来的。

但火葬所代表的不死，与不死民等传说的不死，大有分别。火葬

---

[1]《左传·襄公二年》"齐姜薨……齐侯使姜宗妇来送葬，召莱子，莱子不会。"雷学淇云："据此，则莱亦姜姓之戎可知。"（《竹书纪年义证》十九）案夹谷之会，齐使莱人以兵劫鲁侯，孔子以公退，曰："士兵之！两君合好而裔夷之俘以兵乱之，非齐君所以命诸侯也。裔不谋夏，夷不乱华"（《左传·定公十年》），《经》《传》称莱亦皆曰莱夷，盖莱在被齐灭以前，始终拒绝同化。

神仙思想的来源

是求灵魂不死。灵魂不死的先决条件，是"未来世界"的存在，一个远较这现实世界为圆满的第二世界，人死后，灵魂将在那里永恒地生存着、享乐着。又基于一种先决的事物对立观念，认为灵魂与肉体是相反相妨的，所以他们又想到非毁尽肉体，不足以解放灵魂，于是便产生了焚尸火葬的礼俗。《后汉书·西羌传》称其人

　　以战死为吉利，病终为不祥。

这也是很重要的材料。吉利大概是灵魂能升天之意。这可见他们因为急于要灵魂上天，甚至等不及老死，就要乘机教人杀死自己，好把躯体割断，让灵魂早早放出来。这与后来不死民等传说的灵肉合一，肉体不死即灵魂不死的观念相差太远了。但这种不死论，比起齐人的不死论，已经算玄虚的了。齐人所谓不死，当然是纯粹的肉体不死，灵魂的死不死，甚至灵魂的有无诸问题，他们似乎不曾注意。然而比较起那以殷民族为代表的东方诸土著民族来，这自西方移来的客籍齐人，又太嫌古怪了，依东方人说，人哪有不死的道理？齐人真是妄想。至于肉体可随着灵魂而不死，或肉体必须毁尽而后灵魂乃能永生一类观念，那更是不可思议了。土著东方人与齐人之间是一条鸿沟。齐人与其老家的西方人比较相近。同是奢望，是痴想，是浪漫的人性不甘屈服于现实的表示，西方人前后两种不死观，以及齐人的不死观，只是程度深浅不同而已。非肉体死不足使灵魂生这种说法，本是违反人性的，其不能行通而卒变为肉体与灵魂同生，乃是必然的趋势。肉死灵生的极端派一旦让步而变为灵肉同生的中和派，便根本失

了唯灵论的立场，唯灵论的立场既经失去，便不难再让一步而成为齐人的纯肉不死论。加上内徙后的齐人，受了土著东方人的同化，其放弃灵魂观念的可能自然更大了。

上文我们说明了齐人本是西方迁来的羌族，其不死观念也是从西方带来的。但西方所谓不死本专指灵魂，并主张肉体毁尽，灵魂才得永生。这观念后来又演变为肉体与灵魂并生。齐人将这观念带到东方以后，特别因为当地土著思想的影响，渐渐放弃了灵魂观念，于是又演变为纯粹的肉体不死。齐人内徙日久，受同化的程度应当愈深，按理没有回到唯灵原则下的各种不死论的可能。然而事实上，战国初年，燕、齐一带突然出现了神仙传说，所谓神仙者，实即因灵魂不死观念逐渐具体化而产生出来的想象的或半想象的人物（解释详下）。这现象也很怪。灵魂不死论本产生在西方，难道这回神仙传说之出现于燕齐，也是从西方来的吗？对了，这回是西方思想第二度访问中国。神仙的老家是在西方，他的习惯都是西方的，这些在下文讨论神仙说及其理论与技术时，随时随地都是证据，现在我们只举一个鲜明的例来做个引子。据后来汉武帝求神仙时屡见大人迹[①]，及司马相如《大人赋》推之，秦始皇时因临洮见大人而铸的"金人十二"，实在是十二位仙人的造像，难怪唐诗人李贺误秦皇的金人为汉武承露盘的仙

[①] 《史记·封禅书》"公孙卿……言夜见大人，长数丈，就之则不见，见其迹甚大，类禽兽云。群臣有言见一老父牵狗，言'吾欲见巨公'，已忽不见。上即见大迹，未信，及群臣有言老父，则大以为仙人也。"又"公孙卿言见神人东莱山，若云欲见天子，天子……遂至东莱宿留之，数日无所见，见大人迹云"。魏咸熙二年大人见襄武县迹长三尺二寸，唐则天长安元年司刑寺囚伪作大人迹五尺，改元大足。

神仙思想的来源　9

人，而作《金铜仙人辞汉歌》①。这十二位仙人，据《汉书·五行志》说"皆夷狄服"②，可见始皇时还知道真正老牌的仙人是西域籍。我们不但知道神仙来自西方，并且知道他是从哪条道路来的。六国秦时传播神仙学说，及主持求仙运动的方士，据现在可考的，韩、赵、魏各一人，燕六人，齐二人（参见文末补注二）。这不是分明指出了神仙说东渐的路线吗？那时方士的先头部队刚到齐，大队人马则在燕，到汉武时全体都到齐了，所以当时的方士几乎全是齐人。由此我们可以推想，在较早的时候，大队恐怕还在三晋，并且时代愈早，大队的行踪愈偏西。《晋语》九"赵简子叹曰：'雀入于海为蛤，雉入于淮为蜃，鼋鼍鱼鳖，莫不能化，唯人不能，哀夫！'窦犨侍曰：'臣闻之，君子哀无人，不哀无贿，哀无德，不哀无宠，哀名之不令，不哀年之不登。'"注"登，高也"。至于神仙思想所以终于在齐地生根了，那自然因为这里的不死思想与他原是一家人，所以他一来到便感分外融洽、亲热，而乐于住下了。这与齐之地势滨海毫无关系。神仙并不特别好海。反之，他们最终的归宿是山——西方的昆仑山。他们后来与

---

① 李贺《金铜仙人辞汉歌》序曰："魏明帝青龙元年八月，诏宫官牵车西取汉孝武捧露盘仙人，欲立置前殿，宫官既拆盘，仙人临载乃潸然泪下。"案李说多误。《史记·秦始皇本纪》正义引《关中记》曰："董卓坏铜人，余二枚，徙清门里。魏明帝欲将诣洛，载到霸城，重不可致，后石季龙徙之邺。苻坚又徙入长安而销之。"又引《英雄记》曰："昔大人见临洮而铜人铸，至董卓而铜人毁。"

② 《汉书·五行志》下之上"史记秦始皇帝二十六年，有大人长五丈，履六尺，皆夷狄服，凡十二人，见于临洮……始皇……喜，以为瑞，销天下兵器，作金人十二以象之。"案收兵器与铸金人为二事，盖先收天下兵器，其作用为政治的，后销兵器以铸金人，其作用为宗教的。旧多混为一谈，失之。

海发生关系,还是为了那海上的三山。其实连这也是偶然的,即使没有那海上三山。他们还是要在这里住下的。总之,神仙思想是从西方来的,他只是流寓在齐地因而在那里长大的,并非生在齐地。齐地的不死思想并没有直接产生神仙思想,虽则他是使神仙思想落籍在齐地的最大吸引力。因此,海与神仙并无因果关系,三山与神仙只是偶然的结合而已。

神仙说及其理论与技术

上文讲神仙是随灵魂不死观念逐渐具体化而产生的一种想象的或半想象的人物，这可以火葬得到证明。上引《墨子·节葬下》说义渠风俗"亲戚死，聚柴薪而焚之，熏上，谓之登遐"，登遐，刘昼《新论·风俗》作"升霞"，《太平广记》引《博物志》作"登霞"。据此，则遐当读为煆，本训火焰，因日旁赤光，或赤云之似火者谓之霞，故又或借霞为之。登霞的本意是火化时灵魂乘火上升于天，这名词传到中国后，有两种用法。一是帝王死谓之登霞，二是仙人飞升谓之登霞。帝王死后有升天的资格，是中国自古相传的观念，现在借用西方登霞的名词以称帝王之死，倒顶合适的。至于仙人飞升称登霞，则无所谓借用，因为飞升与火化本是一回事，仙人飞升是西方传来的故事，"登霞"当然也是用的西方的名词。《远游》曰：

载营魄而登霞兮，掩浮云而上征，

营魄即魂魄，既曰"载魂魄"，又曰"登霞"，与火葬的意义全合。《列传》称啸父既传其"作火法"于梁母，"临上三亮山，与梁母别，列数十火而升"，又师门"亦能使火"，死后，"一旦风雨迎之，讫则山木皆焚"。这些仙人的故事，都暗示着火化的意味。又云赤松子

能入火自烧，往往至昆仑山上……随风雨上下

证以《远游》亦称赤松子"化去而不见"，其间火化的痕迹也颇鲜明，至于宁封子的传说，则几乎明白承认是火葬了：

宁封子者……世传为黄帝陶正，有〔神〕人过之，为其掌火能出五色烟，久则以教封子。封子积火自烧，而随烟气上下。视其灰烬，犹有其骨，时人共葬于宁北山中，故谓之宁封子焉。

又《史记·封禅书》称燕人宋毋忌等

为方仙道，形解销化，依于鬼神之事。

形解销化，据服虔说即"尸解"，而索隐曰："《白泽图》云'火之精曰宋毋忌'，盖其人火仙也。"尸解而成火仙，大概也是火化变相的说法。又张晏曰："人老，如解去故骨，则变化也。今山中有龙骨，世

神仙思想的来源　13

人谓之龙解骨化去也。"如张说，则宋毋忌之"形解销化"，是形化而骨留，与宁封子之烧后灰烬中有遗骨正合，无疑的这就是仙家尸解中之"火解法"的来源。尸解的另一种方法是"兵解"。上引《后汉书》称西羌人"以战死为吉利，病终为不祥"，大概战死者躯体破碎，灵魂得以立时逃出而升天，所以吉利，病死者躯体完整，灵魂被困在内，迟久不得自由，所以不祥。如此说来"兵解"乃是由战死吉利的观念蜕化来的一种飞升的手段。火解、兵解，总共谓之"尸解"，正是解开尸体，放出灵魂的意思，然则所谓"神仙"不过是升天了的灵魂而已。仙字本作僊，说文"䙴，升高也"，䙴即仙字[①]。仙字本是动词，先秦典籍中皆如此用。升去谓之僊，动词名化，则升去了的人亦谓之僊。西方人相信天就在他们那昆仑山上[②]，升天也就是升山，所以

---

① 《小雅·宾之初筵》"屡舞仙仙"，《庄子·在宥》"仙仙乎归矣"，皆谓轻举之貌。鲍照《书势》"鸟仚鱼跃"，仚即仙字，仚跃对举，仚亦跃也。举、跃，升义并相近，此仙之本义。又以声求之，《说文》迁之古文作拪，讯之古文作㖕，是䙴声与卂声近。《说文》"卂，疾飞也"，《楚辞·九章·思美人》"因归鸟而致辞兮，羌迅（今作宿，此从一本及《文选·王仲宣赠公孙文始诗》注引）高而难当"，《西京赋》"纷缛体而具赴"，迅皆谓飞跃。仙之为言犹迅也，飞跃而上之貌也。《说文》"仙，长生迁去也"，"迁，登也"，迁去之义，尚无不合，长生则古只谓寿，飞升乃称仙，许君混为一谈，此本土观念与外来观念混合以后之意义，非仙之本义也。

② 昆仑山即今之天山。(《西山经》"又西三百五十里曰天山……有神焉，其状如黄囊，赤如丹火，六足四翼，浑敦无面目，是识歌舞，实为帝江也。"注"庄生所云中央之帝混沌为倏忽所凿七窍而死者，盖假此以寓言也。"《汉书·武帝纪》"天汉二年与右贤王战于天山。"颜注"即祈连也，匈奴谓天为祈连，今鲜卑语尚然。"《史记》《正义》引《括地志》："祁连山在甘州张掖县西南二百里，乏云天山，一名白山。"《后汉书·明帝纪》注《西河旧事》"白山冬夏有雪，故曰白山。匈奴谓之天山，过之皆下马拜焉。")

僊字别体作仙①，正是依照西方人的观念所造的字。人能升天，则与神一样，长生，万能，享尽一切快乐，所以仙又曰"神仙"。升天后既有那些好处，则活着不如死去，因以活着为手段，死去为目的，活着的肉体是暂时的，死去所余的灵魂是永久的，暂时是假的，永久是真的，故仙人又谓之"真人"。这样看来，神仙乃是一种宗教的理想。凡是肉体能死，死而能毁的人，灵魂便能升天而成仙。仙在最初并不是一种特殊的人，只是人生活中的一个理想的阶段而已。既然人人皆可成仙则神仙思想基本原则是平等的。因此我们知道为什么春秋时代的齐国，虽有不死观念，而不能发展为神的仙的思想，只因封建阶级社会下是不容平等思想存在的。到战国时封建制度渐渐崩溃，所以建立在平等原则上的神仙思想可以乘虚而入，以至逐渐繁盛起来。

上文已说过，登霞是由火化时灵魂乘烟霞上天而得来的观念，故《远游》曰"载营魄而登霞兮"（营与魂通）。魂的特性是游动不定，故一曰游魂。《易·系辞上传》"游魂为变"，韩康伯注曰："游魂，言其游散也"。《白虎通·性情》曰："魂犹伝伝也，行不休也"，行不休即游魂之义②。仙人登霞，本是灵魂上天而游行不休产生的观念，所以

---

① 《抱朴子·论仙》引《仙经》曰"上士举形升虚，谓之天仙，中士游于名山，谓之地仙，下士先死后蜕，谓之尸解仙"，此后起之观念。实则最初游名山之仙，不但即举形虚升之仙，且亦即先死后蜕之仙。《释名·释长幼》"仙，迁也，迁入山也，故其制字人傍作山也"，是汉末人尚知仙与山的关系。《说文》"僊，人在山上貌，从人从山"，僊即仙字。

② 魂字本只作云，《说文》雲为云之古文，又作㲠，象烟云之气裊裊浮动之貌。《吕氏春秋·圜道》"云气西行云云"，高注曰："云，运也，周旋运布，肤寸而合，西行则雨也"，《古微书》引《春秋题辞》曰"云之为言运也，动阴路，触石而起谓之云，合阳而起，以精运也。"人之灵魂不可状，以烟云之气状之，故曰魂。

神仙思想的来源　15

仙人飞升后主要的活动是周流游览。游是愈远愈妙，《楚辞》所载著名的咏仙人的文章以"远游"名篇，固是很明显的例子，而最具体、有趣的莫如《淮南子·道应》所述卢敖的故事：

> 卢敖游乎北海，经乎太阴，入乎玄阙，至于蒙谷之上，见一士焉，深目而玄鬓，渠颈①而鸢肩，丰上而杀下，轩轩然方迎风而舞，顾见卢敖，慢然下其臂，遁逃乎碑（岬）〔下〕②。卢敖就而视之，方倦（踡）龟壳而食蛤梨。卢敖与之语，曰："唯！敖为背群离党，穷观于六合之外者，非敖而已乎？敖幼而好道，至长而不渝〔解〕（懈）③，周行四极，惟北阴之未窥。今卒睹夫子于是，子殆可与敖为友乎？"若士者，䁝然而笑曰："嘻！子中州之民，宁肯而远至此。此犹光乎日月而载列星，阴阳之所行，四时之所生，其比夫不名之地，犹突奥也。若我南游乎冈㝢之野，北息乎沈墨之乡，西穷窅冥之党，东关（贯）④鸿蒙之光，此其下无地而上无天，听焉无闻，视焉则⑤眒。此其外犹有汰沃之泛，其余一举而千万里，吾犹未之能在。今子游始于此，乃语穷观，岂不亦远哉？然子处矣！吾与汗漫期于九垓之上⑥，吾不可以

---

① 原作泪注，从王念孙校改。
② 从王念孙校补。
③ 从王念孙校补。
④ 关原误作开，从王念孙校改。案关、贯古字通。《九叹·远游》"贯颛顼以东屬兮"，顼一作鸿。
⑤ 则原作无，从王念孙改删。
⑥ 上原作外，从王念孙改删。

久①。"若士举臂而竦身，遂入云中。卢敖仰而视之，弗见。乃止驾，[心]②杒洽（不怡），悖若有丧也，曰："吾比夫子，犹黄鹄与壤虫也，终日行，不离咫尺，而自以为远，岂不悲哉？"

此外《庄子》书中每讲到至人、神人、真人、大人（皆仙人的别名）如何游于六合之外，无何有之乡③，《淮南子》也是如此，并且说得更

---

① 久下衍驻字，从王念孙改删。
② 从王念孙校补。
③ 《庄子·逍遥游》"夫列子御风而行，泠然善也，旬有五日而后反，彼于致福者未数数然也。此虽免乎行，犹有所待者也。若夫乘天地之正，而御六气之辩（变）以游无穷者，彼且恶乎待哉？"又"藐姑射之山，有神人居焉……不食五谷，吸风饮露，乘云气，御飞龙，而游乎四海之外。"《齐物论》"至人神矣……乘云气，骑日月，而游乎四海之外，死生无变乎己，而况利害之端乎？"《大宗师》"孰能登天游雾，挠挑无极，相忘以生，无所终穷？"《应帝王》"予方将与造物者为人，厌则又乘夫莽眇之鸟，以出六极之外，而游无何有之乡，以处圹垠之野。"《在宥》"出入六合，游乎九州，独往独来，是谓独有。独有之人，是之谓至贵。"《天地》"天下无道，则修德就闲，千岁厌世，去而上仙，乘彼白云，至于帝乡。"《秋水》"且彼方跐黄泉而登大皇，无南无北，奭然四解，沦于不测；无西无东，始于玄冥，反于大通。"《徐无鬼》"小童曰'……予少而自游于六合之内，予适有瞀病，有长者教予曰，若乘日之车而游于襄城之野，予少痊。予又且复游于六合之外。'"《文选·车驾幸京口侍游蒜山作诗》注引《庄子》佚文"阙奕之隶，与殷翼之孙，遏氏之子，三士相与谋致人于造物，共之元天之上。元天者，其高四见列星。"

有声有色①，汉以来关于仙人的辞赋诗歌，几乎全是讲他们漫游的生活。晋、唐人咏仙人诗多称"游仙诗"。游必需舆驾，所游的地方是天空，所以，以龙为马，以云霓彗星之类为旌旗②。有舆驾，还得有仪卫，这是由风雨雷电以及其他种种神灵鬼怪组成的，此之谓"役使鬼神"（参见文末补注三）。

---

① 《淮南子·原道》"昔者冯夷、大丙之御也，乘云车，入云霓，游微雾，骛怳忽，历远弥高以极往，经霜雪而无迹，照日光而无景，扶摇抮抱羊角而上，经纪山川，蹈腾昆仑，排阊阖，沦天门……是故大丈夫恬然无思，澹然无虑，以天为盖，以地为舆，四时为马，阴阳为御，乘云凌霄，与造化者俱，纵志舒节，以驰大区，可以步而步，可以骤而骤，令雨师洒道，便风伯扫尘，电以为鞭策，雷以为车轮，上游于霄雿之野，下出于无垠之门。"《俶真》"若夫真人，则动溶于至虚，而游于灭亡之野，骑蜚廉，而从敦圄，驰于方外，休乎内宇（二字原倒，从王念孙乙），烛十日，而使风雨，臣雷公，役夸父，妾宓妃，妻织女，天地之间，何足以留其志？"《精神》"若此人者，抱素守精，蝉蜕蛇解，游于太清，轻举独往，忽然入冥，凤皇不能与之俪，而况斥鷃乎？"

② 《易·乾·象传》"时乘六龙以御天"，《庄子·逍遥游》"乘云气，御飞龙"，《韩非子·十过》"昔者黄帝合鬼神于西泰山之上，驾象舆而六蛟龙"，《九歌·东君》"驾龙舟兮乘雷，载云旗之委蛇"，《云中君》"龙驾兮帝服"，《湘君》"驾飞龙兮北征……飞龙兮翩翩"，《大司命》"乘龙兮辚辚"，《河伯》"驾两龙兮骖螭"，《淮南子·览冥》"〔虙牺氏〕乘雷车，服应龙，骖青虬"。（以上神）《涉江》"驾青虬兮骖白螭"，《远游》"驾八龙之婉婉兮，载云旗之逶蛇，建雄虹之采旄兮，五色杂而炫耀……撰彗星以为旍兮，举斗柄以为麾"，《七谏·自悲》"借浮云以送予兮，载雌霓而为旌，驾青龙以驰骛兮，班衍衍之冥冥"，《九怀·通路》"乘虬兮登阳，载象兮上行"，《昭世》"驰六蛟兮上征，竦余驾兮入冥"，《思忠》"驾玄螭兮北征，乡吾路兮葱岭，连五宿兮建旄，扬氛气兮为旌"，《陶壅》"驾八龙兮连蜷，建虹旌兮威夷"，《株昭》"乘虹骖蜺兮，载云变化"，《九叹·远逝》"举霓旌之墆翳兮，建黄缫之总旄"，《远游》"回朕车俾西引兮，褰虹旗于玉门，驰六龙于三危兮，朝四灵于九滨"，《九思·守志》"乘六蛟兮蜿蝉，遂驰骋兮升云，扬彗光兮为旗，秉电策兮为鞭"，《大人赋》"乘绛蟠之素蜺兮，载云气而上浮，建格泽之修竿兮，总光耀之采旄，垂旬始以为幓兮，曳彗星而为髾……槛挠挏以为旍兮，靡屈虹而为绸……驾应龙象舆之蠖略委丽兮，骖赤螭青虬之蚴蟉蜿蜒。"（以上仙）

18　西南联大神话通识课

神仙思想之产生，本是人类几种基本欲望之无限度的伸张，所以仙家如果有什么戒条，那只是一种手段，暂时节制，以便成仙后得到更大的满足。在原始人生观中，酒食，音乐，女色，可谓人生最高的三种享乐。其中酒食一项，在神仙本无大需要，只少许琼浆玉液，或露珠霞片便可解决。其余两项，则似乎是他们那无穷而闲散的岁月中唯一的课业。试看几篇典型的描写仙人的文学作品，在他们那云游生活中，除了不重要的饮食外，实在只做了闻乐与求女两件具体的事。有时女与乐分为二事，如《惜誓》既

载玉女于后车

"以侍栖宿"，（据王逸说）又

……至少原之野兮，赤松、王乔皆在旁，二子拥瑟而调均兮，余因称乎清商。

但往往是二者合为一事，如《远游》：

祝融戒而还衡兮，腾告鸾鸟迎宓妃，使湘灵鼓瑟兮，令海若舞冯夷。张《咸池》奏《承云》兮，二女御《九韶》歌。玄螭虫象并出进兮，形蟉虬而逶蛇，雌蜺便娟以增挠兮，鸾鸟轩翥而翔飞。音乐博衍

神仙思想的来源　19

无终极兮，焉乃逝以徘徊[1]。

这便叫作"快活神仙"！

现实生活既只有暂时的、不得已的过渡作用，过渡的期程自然能愈缩短愈好，所以性急的人，不免要设法自动地解决这肉体的障碍，好叫灵魂马上得到自由。手段大概还是火解与兵解，方法却与以前不同。以前火解是死后尸体被人焚掉，兵解也是躯体被人砍断。现在则是自焚自砍，合并可以称为"自解"。有了这种实行自解的人以后，仙的含义便大变，从人人生活过程上的一个理想阶段的名称，变而为采取一种超绝的生活形态的人的名称。这新含义就是现在通用的仙字的意义。

不知何时，人们又改变了态度，不大喜欢那单凭一场火一把剑送灵魂上升的办法了。他们大概对目前肉体的苦痛，渐渐感到真实起来，虽则对未来灵魂的快乐，并未减少信心，于是渐渐放弃了那自解的"顿"的办法，而采用了种种修炼的"渐"的办法。肉体是重浊的，灵魂是轻清的。但未始不可以设法去浊存清以变重为轻，这样肉体不就改造成灵魂了吗？在这假定的原则之下，便产生了各种神仙的方术，从事于这些方术的人便谓之方士。

最低级的方术，是符咒祠醮一类的感召巫术，无疑的这些很早就被采用了。这可称为感召派。比感召高一等的是服食派。凡是药物，

---

[1] 又《九怀·昭世》"闻素女兮微歌，听王后兮吹竽"，《九思·伤时》"使素女兮鼓簧，乘戈和兮讴谣。声敹誂兮清和，音晏衍兮要婬。"《古乐府·王子乔》"玉女罗坐吹笛箫。"

本都具有，或被想象为具有清洁作用。尤其植物（如菊、术等）的臭味，矿物（如玉、黄金、丹砂等）的色泽都极容易联想到清洁，而被赋予以消毒除秽诸功能①。少见而难得与形状诡异的自然物品（如芝菌、石乳等），都具有神秘性，也往往被认为有同样效验。由于早就假定了浊与重为同一物质的两种德性，因之除秽便等于轻身，所以这些东西都成为仙药了。加之这些东西多生于深山中，山据说为神灵之所在，这些说不定就是神的食品，人吃了，自然也能乘空而游，与神一样了。最初是于日常饮食之外，加服方药。后来许是有人追究过肉体所以浊重的原因，而归咎肉体所赖以长成的谷类②，恰巧被排泄出来谷类的渣滓，分明足以为其本质浊秽的证验，于是这人便提倡只食药，不食谷的办法，即所谓"避谷法"。

但是最好的轻身剂恐怕还是气——本质轻浮的气。并且据说万物皆待气以生存③，如果药物可以使人身轻，与其食药物，何如食药物所

---

① 方药的名目甚多，如《抱朴子·仙药》所载，其中大概有不少的是先秦传下的旧法。此外可以益寿补气的植物矿物，散见于《本草》及《列仙传》诸书者，亦不少。先秦古书中很少明确地记载。属于植物类者，《楚辞》多言菊，《吕氏春秋·别类》"夫草有莘有藟，独食之则杀人，合而食之则益寿。"属于矿物类的，大都只称玉，但这里所谓玉，大概包括许多与玉同类或近似的矿物。

② 他们说"谷气"于身有害，故《淮南子·坠形》曰"食谷者知慧而夭"。《庄子·逍遥游》"藐姑射之山，有神人居焉……不食五谷"，《吕氏春秋·必己》篇"单豹好术，离俗弃尘，不食谷实"，注曰："不食谷实，行气道引也"，《史记·留侯世家》"留侯性多病，即道引不食谷"，又"乃学辟谷，道引轻身"，《新语·慎微》"绝五谷……求不死之道"，《列仙传》上《赤将子舆传》"不食五谷，而啖百草花"，都是避谷之例。

③ 《庄子·知北游》"人之生，气之聚也，聚则为生，散则为死。"《韩诗外传》八"然身何贵也？莫贵于气。人得气则生，失气则死。"《抱朴子·至理》"夫人在气中，气在人中，自天地至于万物，无不须气以生者也。"

待以生存的气，岂不更为直捷，更为精要？所以在神仙方术中，行气派实是服食派进一步的发展。观他们屡言"食气"，可见气在他们心目中，本是食粮的代替品，甚至即食粮本身①。气的含义在古时甚广，除了今语所谓空气之外，还包括比空气具体些的物质。以前本有六气的说法——阴，阳，风，雨，晦，明②，现在他们又加以整齐化、神秘化，而排列为这样的方式：

春食朝霞，朝霞者，日始欲出赤黄气也③。秋食沦阴，沦阴者，日没以后赤黄气也。冬饮沆瀣，沆瀣者，北方夜半气也。夏食正阳，正阳者，南方日中气也。并天地玄黄之气，是为六气也。(《楚辞·远游》注引《陵阳子明经》)

---

① 《大戴礼记·易本命》"食气者神明而寿"，《御览》六六八引《五符经》"食气者常有少容"。《淮南子·坠形》"食气者神明而寿，食谷者知慧而夭"，食气与食谷并举，《韩诗外传》五"圣人养一性而御六（元误作大）气，持（元误作待）一命而节滋味"，御六气与节滋味并举，《素问·六节藏象论》"天食人以五气，地食人以五味"，五气与五味并举，可见古人视气俨如一种粮食。《庄子·在宥》"云将曰：'天气不和，地气郁结，六气不调，四时不节，今我愿合六气之精，以育群生'"，又"（黄帝曰）'余欲取天地之精，以佐五谷，以养民人'"天地之精亦谓天地之气。庄子之语与上揭各说可以互证。
② 《庄子·逍遥游》"御六气之辩"，《在宥》"六气不调……今我愿合六气之精，以育群生"。《管子·戒》"御正六气之变"。《远游》"餐六气而饮沆瀣兮"。《韩诗外传》五"圣人养一性而御六气"。
③ 《文选·江赋》注及《御览》五一引并无黄字，义长。霞本训赤，字一作赮。《文选·蜀都赋》"舒丹气而为霞"，刘注曰"霞，赤云也"，《东京赋》"扫朝霞"，薛注曰："霞，日边赤气也"，《汉书·扬雄传·甘泉赋》"喻清云之流瑕兮"，颜注曰"瑕谓日旁赤气也"，瑕与霞通。

玄与黄是近天与近地的空气，正阳即日光，依他们的说法可称光气，沉瀣即露水[1]，可称水气，朝霞沦阴即早晚的云霞（参见文末补注四），是水气与光气的混合物。先秦人对于气是否有这样整齐的分类，虽是疑问，但他们所食的气，总不外这几种。

食气的方法，就是在如上面所指定的时刻，对着太阳或天空行深呼吸，以"吐故纳新"，同时身体还做着"熊经鸟伸，凫浴蝯躩，鸱视虎顾"等等姿态的活动[2]，以助呼吸的运用。用术语说，这种呼吸谓之"行气"，活动谓之"导引"。行气后来又称"胎息"[3]，实是一种特殊的呼吸方法的名称。导引不但是辅导气流的运转，还可以训练肢

---

[1] 《文选·琴赋》"餐沉瀣兮带朝霞"，五臣注"沉瀣，清露"。

[2] 《庄子·刻意》"吹呴呼吸，吐故纳新，熊经鸟申，为寿而已矣，此导引之士，养形之人，彭祖寿考者之所好也。"《淮南子·精神》"若吹呴呼吸，吐故纳新，熊经鸟伸，凫浴蝯躩，鸱视虎顾，是养形之人也"；《泰族》"王乔赤松，去尘垸之间，离群慝之纷，吸阴阳之和，食天地之精，呼而出故，吸而入新，躁虚轻举，乘云游雾，可谓养性矣"；《齐俗》"今夫王乔赤松子，吹呕呼吸，吐故纳新，遗形去智，抱素反真，以游玄眇，上通云天，今欲学其道，不得其养气处神，而放其一吐一吸，时诎时伸，其不能乘云升假亦明矣。"《汉书·王褒传》"何必偃仰诎信若彭祖，呴嘘呼吸如侨、松，眇然绝世离俗哉？"《王吉传》"休则俯仰诎信以利形，进退步趋以实下，吸新故吐以练藏，专意积精以适神，于以养生，岂不长哉！大工诚留意如此，则心有尧舜之志，体有乔松之寿，美声广誉，登而上闻，则福禄其臻而社稷安矣。"

[3] 导引一曰步引，《汉书·艺文志》神仙家有《黄帝杂子步引》十二卷。《淮南子·天文》"吐气者施，含气者化，是故阳施阴化"，《大戴礼记·曾子天圆》略同；《论衡·自然》"夫人之施气也，非欲以生子，气施而子自生矣"，《韩诗外传》一"贤者不然，精气阗溢而后伤时〔之〕（从《说苑·辨物》补）不可过也，不见道端，乃陈情欲以歌道义"；《医心方》二八引《玉房秘诀》"求子之法，当蓄养精气，勿数施舍。"《抱朴子·对俗》引《仙经》曰："服丹守一，与天相毕，还精胎息，延寿无极。"又《释滞篇》"故行炁……其大要者，胎息而已。"

神仙思想的来源

体，使之轻灵矫捷，以便于迎风自举。这后一种目的，大概后来又产生了一种专门技术，谓之"乘蹻"。胎息与乘蹻发展（毋宁是堕落）到某种神秘阶段，都变成了魔术，于是又和原始的巫术合流了。以上是导引派及其流变。

新气既经纳入，还要设法固守，不使它泄散。《玉柲铭》曾发挥过这派守气的理论：

> 行炁（气）罙（深）则蓄，蓄则神，神则下，下则定，定则固，固则明，明则朕，朕则遏（优），遏则天，天丌（其）杳才（在）上，墬（地）丌（其）杳才（在）下，巡（顺）则生，逆则死。

大约是在守气论成立以后，行气派又演出一条畸形的支流。上文说过气有水气，水可称气，则人之精液也是气了，这样儿戏式的推论下来，便产生了房中派的"还精补脑"的方术。原来由行气到房中，正如由服食到行气一般，是一贯的发展，所以葛洪说：

> 服药虽为长生之本，若能兼行气者，其益甚速……然又宜知房中之术，所以尔者，不知阴阳之术，屡为劳损，则行气难为力也[1]。（《抱朴子·至理》）

---

[1] 《抱朴子·微旨》曰："九丹金液，最是仙主，然事大费重，不可卒办也。宝精爱炁，最其急也，并将服小药以延年命，学近术以辟邪恶，乃可渐阶精微矣。"《释滞》曰："欲求神仙，唯当得其至要。至要者，在于宝精行炁，服一大药便足，亦不用多也。"以上皆房中行炁与服药并举，亦可见长生要诀，不外此三大端。

这里虽只说长生，但最终目的还是飞升，下文有详细的说明。

神仙的目的是飞升，而飞升的第一要图是轻身。照上面那些方案行来，相对轻身的效果是可以担保的。尤其辟谷而兼食气，如果严格实行起来，其成效可想而知，所以司马相如说"列仙之传，居山泽间，形容甚臞"，形容臞瘦，自然体重减轻了。然而要体重减轻到能飞的程度，还是不可能，除非在某种心理状态之下，你一意坚持着要飞，主观的也就果真飞上去了。在生理状态过度失常时——如胃脏中过度的空乏或服进某种仙药后，过度的饱厌等等情况之下，这种惬意的幻觉境界并不难达到。上述那催眠式的法术，他们呼作"存想"。

无论各种方术，历经试验后，功效有限，即令有效，对于高贵阶级的人们，尤其那日理万机的人主，太不方便。最好还是有种"顿"的手段，一经使用，便立时飞去。大概是为供应这类人的需求，那一服便仙的神丹妙药，才开始试造。

【注一】《海外南经》"不死民……其为人黑色，寿不死。"案经文，不死民在昆仑虚西。海内西北即海外东南，故此经亦有昆仑，然则以中国言之，不死民仍在西北也。又《大荒南经》"有不死之国"，《吕氏春秋·求人》"禹南至不死之乡"，《淮南子·坠形》"自西南至东南方有……不死民"，《远游》"留不死之旧乡"，亦在南方，皆据海外言之也。《淮南子 时则》"三危之国，石室金城，饮气之民，不死之野"，《天问》"黑水玄趾，三危安在？延年不死，寿何所止？"王注"玄趾三危，皆山名也，在西方。黑水出昆仑山也。"案玄趾一名玄丘。《补史记·三代世表》引《诗传》"契母与姊妹浴于玄丘水。"《御览》引《张掖记》"黑水出县界鸡山，昔有娀女简狄浴于玄丘之水，

神仙思想的来源

即黑水也。"一名员丘，《海内经》"流沙之东，黑水之间，有山名不死之山"，郭注曰"即员丘也"，《水经·河水》注曰"流沙又历员丘不死山之西。"是玄阯，玄丘，员丘，异名同实，在黑水中，即所谓不死之山。又《水经·汾水》注"黑水出黑山"，《太平寰宇记》"（神山县）黑山在县东四十里，一名牛首山，今名乌岭山"，又"（临汾市）涝水源出乌岭山，俗名长寿水。"案黑山即乌岭山，黑水即涝水，一名长寿水，黑山为长寿水所出，故又名神山，县即因山得名也。依地名迁徙之例，域内之黑山即域外之玄阯玄丘，玄阯玄丘一名不死山，故黑水一名神山。域内之黑水即域外之黑水，域外黑水为不死山之所在，故域内黑水一名长寿水。地名迁徙之迹可据以考见民族迁徙之迹。

《海内西经》"开明兽……立昆仑上……开明北有……不死树"，郭注曰"言长生也"，《文选·思玄赋》李注引《古今通论》"不死树在层城西。"《大荒南经》"有不死之国，阿姓，甘木是食"，郭注曰"甘木即不死树，食之不老。"又《海外南经》"不死民"注曰"有员丘山，上有不死树，食之乃寿"，此皆据海外言之，海外东南即海内西北。说已详上。《吕氏春秋·本味》"菜之善者……寿木之华"，高注曰"寿木，昆仑山上木也。华，实也，食其实者不死，故曰寿木。"郝懿行云疑即不死树，近是。

《淮南子·览冥》"羿请不死之药于西王母，姮娥窃之以奔月。"《后汉书·天文志》注引张衡《灵宪》曰："羿请无死之药于西王母，姮娥窃之以奔月。将往，枚筮之于有黄。有黄占之曰：'吉，翩翩归妹，独将西行，逢天晦芒，毋惊毋恐，后且大昌。'姮娥遂托身于月，是为蟾蜍。"《乙巳占》引《连山易》略同。《北堂书钞》一五○引《归藏》曰："昔常娥以西王母不死之药服之，遂奔为月精"，《文心雕龙·诸子》曰："《归藏》之经，大明迂怪，乃称……姮娥奔月。"《海内西经》"昆仑之虚方八百里，高万仞……在八偶之岩，赤水之际，非仁（夷）羿莫能上冈之岩"，郭注曰："羿尝请药西王母，亦言其得道也。"《类聚》八八引《山海经图赞》"不死之树，寿蔽天地，请药西姥，焉得为羿？"案嫦娥窃药事亦见《天问》。《天问》曰："白蜺婴茀，胡为此堂？安得夫良药，不能固臧（藏）？"近人傅斯年、郭镂冰、童书业三氏均以嫦娥事说之，近确。余谓《天问》上文曰："夜光何德（得），死则又育？厥利维何，而顾菟在腹？"亦与此事有关。王注"夜光，月也。育，生也。"德与得通；《书钞》一五○，《事类赋注》一引并作得。则犹而也；《类聚》一，《初学记》一，《御览》四，《事类赋注》一，《海录碎事》一引并作"死而又育"。古称月之盈亏为生魄死魄，故《孙子·虚实》曰"月有生死"。此文上二句问月何所得，乃能死而复生，其意盖即谓月精嫦娥尝得不死之药，故能死而复生也。下二句即承此意而问白兔捣药事。《汉乐府·董逃行》曰："采取神药若木端，白兔捣药虾蟆丸"，傅咸《拟天问》曰："月中何有，白兔捣药。""厥利维何，而顾菟在腹"者，正谓利兔之能捣药也。《天问》前后二文可以互相发明。《天问》著作时期至迟当在战国初，然则嫦娥窃药故事战国初已流行矣。《海内西经》"开明东有巫彭巫抵巫阳巫履巫凡巫相，夹窫窳之尸，皆操不死之药以距之。窫窳者，蛇身人面，贰负臣所杀也。"《大荒西经》"有灵山，巫咸巫即巫盼巫彭巫姑巫真巫礼巫抵巫谢巫罗十巫从此升降，百药爰在"，亦谓不死之

神仙思想的来源

药。又《大荒南经》"有巫山者,西有黄鸟,帝药八斋",郭注曰"天帝神仙药在此也",《经》又曰"云雨之山……有赤石焉,生药黄本赤枝青叶,群帝焉取药",注曰"言树花实皆为神药。"案此亦据域外言之,仍在中国西北也。

【注二】《史记·乐毅传》"乐氏之族有乐瑕公,乐臣公。赵且为秦所灭,亡之齐高密。乐臣公善修黄帝老子之言,显闻于齐,称贤师。"又曰:"乐臣公学黄帝老子,其本师号曰河上丈人,不知其所出。河上丈人教安期生,安期生教毛翕公,毛翕公教乐瑕公,乐瑕公教乐臣公,乐臣公教盖公,盖公教于齐高密胶西,为曹相国师。"案集解、索隐并云"臣公一作巨公",《田叔传》"学黄老术于乐巨公",《汉书》作钜公,巨、钜同,《御览》五一〇引《道学传》亦作乐钜公,是臣为巨之讹无疑。巨公者,《史记·封禅书》"言吾欲见巨公",《汉书·郊祀志》下作钜公,注引张晏曰"天子为天下父,故曰钜公也",是巨公之称,亦犹丈人、老子、太公、长者之类也。论其传授,《史记》谓乐瑕公、乐巨公于赵且为秦灭时亡之齐,则其人尚在战国晚世。盖公受乐巨公黄老术,为曹参师,田叔学黄老术于乐巨公,而仕赵王张敖,则乐巨公下及秦汉之交。今二乐治黄老,得于毛翕公,毛翕公得于安期生,则安期生年世不能甚后。然史公又谓"蒯通善齐人安期生。安期生尝干项羽,羽不能用。已而羽欲封此两人,两人终不肯受,亡去。曹参为相,请蒯通为客。"蒯生之年,不能高于盖公,则安期生何遽为盖公四传之师哉?(以上说本钱穆《先秦诸子系年考辨》二《老子杂辨》)夫言家世之谱系,纪学派之传授者,孰不欲其渊源之远?故每分一人为数人,递相比次,以极于邈迩难知。其事或出于无意的误信传闻，或出于有意的捏造姓字，要其不欲求真之心理则一也。

考瑕、巨古音近义通（瑕通嘏，嘏训大，巨亦训大），乐瑕公盖即乐巨公之误分，而由安期生至盖公仅三传耳。然如此，安期生仍不得与蒯通、项羽、曹参等同世。《御览》五一〇引《道学传》"乐钜公宋人，号曰安丘丈人。"期、丘古同音，安期即安丘，《汉书·地理志》北海郡、琅琊郡均有安丘，此当是琅琊之安丘，故《列仙传》曰"安期生，琅琊阜乡人。"古书生，犹今言先生，先生、丈人皆老者之尊称，故安期生即安丘丈人。乐巨公号曰安丘丈人，是安期生又即乐巨公，亦即盖公本师。安期生传盖公，盖公传曹参，安期生自得与曹参相接，因之亦得与蒯通、项羽相接矣。要之，乐巨（瑕）公即安期生，乐，称其姓，安期（丘）称其地，巨公与生（先生）义亦同。乐氏本赵人，史称赵且为秦所灭，二乐亡之齐，故安期生又为齐人。乐巨公以善修黄老之言，显闻于齐，称贤师，盖没后而名益彰，故至孝武时，东齐方士如李少君、栾大公、孙卿等，皆传安期生为仙人（俱详《封禅书》）。《高唐赋》曰："有方之士，羡门高上成郁林公乐聚谷，进纯牺，祷璇室，醮诸神，礼太一。"疑公乐为乐公之倒，即乐巨公，羡门高聚谷皆战国末人（并详下），故与乐巨公并举。若然，则安期生（乐巨公）盖亦方士之流而未甚涉于辽怪者。以上赵一人：安期生。

《史记·秦始皇本纪》"三十二年……使韩终侯公石生求仙人不死之药。"案此石生，钱穆疑即古星历家石公，近确。又谓石生殆如张苍生六国以下逮汉世者。其举证如下：《史记·天官书》"周室史佚苌弘，于宋子韦，郑则裨灶，在齐甘公，楚唐昧，赵尹皋，魏石申夫。"

神仙思想的来源　29

《汉书·艺文志》序术数云："六国时楚有甘公，魏有石申夫。"《史记正义》引《七录》曰："石申魏人，战国时作《天文》八卷。"然《郡斋读书志》"《甘石星经》一卷，汉甘公石申撰"，又以甘石为汉人，其说盖别有所本。《御览》二三五引应劭《汉官仪》曰"当春秋时鲁梓慎，晋卜偃，宋子韦，郑裨灶，观乎天文，以察时变，其言屡中，有备无患。汉兴甘石唐都司马父子，抑亦次焉"，亦以甘石为汉人。《史记·张耳传》"耳欲之楚，甘公曰：'汉王入关，五星聚东井，楚虽强，必属汉'"《集解》引文颖曰"善说星者甘氏"，则甘公固及汉初，而石公亦可知。《汉书·天文志》曰"古历五星之推，亡逆行者，至《甘氏石氏经》，以荧惑太白为有逆行"，沈钦韩曰"《隋志》秦历始有金水之逆，又甘石并时，自有差异，汉初测候，乃知五星皆有逆行"，则甘石明及秦汉之际矣（《先秦诸子系年考辨》四《诸子捃逸》）。今姑依钱说，定石生即石申夫。以上魏一人：石生。

《史记·秦始皇本纪》"三十五年，侯生卢生相与谋曰'始皇为人……贪于权势至于此，未可为求仙药'，于是乃亡去"，《集解》曰"《说苑》曰'韩客侯生也。'"案即三十二年与韩终石生求仙人不死药之侯公。以上韩一人：侯生。

《史记·封禅书》"宋毋忌正伯侨充尚羡门高最后，皆燕人，为方仙道，形解销化，依于鬼神之事。"服虔司马贞皆以为宋毋忌至羡门高四人，韦昭、刘伯庄、颜师古皆合最后为五人。王念孙谓韦刘颜说是，并云最后即《高唐赋》之聚谷（引见上文），最与聚，后与谷声皆近，其说至确。余谓最聚并与邹通（《周礼·大司马》郑众注引《鄹子》"春秋榆柳之火"云云，王应麟云即邹衍四十九篇文，《汉书·古今人表》有欪子，钱大昕、沈钦韩并云即《艺文志·邹氏春秋传》之邹氏），其人或即邹衍后裔之留滞于燕者。充尚《汉书·郊祀志》上作元尚，沈涛曰"当作元谷，即《列仙传》之元俗也。谷，俗之消，篆书谷字与尚字相近，讹而为尚，《史记》又误元为充，遂不可晓。《列仙传》言元俗河间人，亦与燕人相合。"《汉书·司马相如传》《大人赋》"厮征伯侨而役羡门兮"，注引张楫曰"羡门，碣石山上仙人羡门高也"，碣石在燕。《史记·秦始皇本纪》"三十二年，始皇之碣石，使燕人卢生求羡门高"，又"燕人卢生，使入海还，以鬼神事，因奏录图书曰：'亡秦者胡也。'"或疑卢生即《淮南子·道应》之卢敖，未知然否。（《御览》三六九引《庄子》"卢敖见若士，深目鸢肩"，或系《淮南子》之讹。）以上燕六人：宋毋忌、正伯侨、羡门高、元谷、最后（聚谷）、卢生。

《史记·秦始皇本纪》"二十八年，齐人徐市等上书，言海中有三神山，名曰蓬莱、方丈、瀛洲，仙人居之，请得斋戒与童男童女求之。"《汉书·郊祀志》下谷永上封事"秦始皇初并天下，甘心于神仙之道，遣徐福、韩终之属，多赍童男童女，入海求神采药，因逃不还。"案徐市之市即韨之本字，音敷勿切，故《汉书》作福，俗书作市，误。韩终《始皇本纪》三十五年作韩众，《正义》云"音终"，《楚辞·远游》"羡韩众之得一"，众一作终。《列仙传》韩终齐人。以上齐二人：徐市、韩终。

【注三】《韩非子·十过》"昔者黄帝合鬼神于西泰山之上，驾象舆而六蛟龙，毕方并辖，蚩尤居前，风伯进扫，雨师洒道，虎狼在前，鬼神在后，凤皇覆上"，《淮南子·览冥》"〔虙牺氏〕乘雷车，服应龙，骖青虬，援绝应（元误瑞，从王念孙改），席萝图，络黄云（元作黄云络，从俞樾乙），前白螭，后奔蛇，浮游逍遥，道鬼神，登九天，朝帝于灵门，宓穆休于大祖之下"，《九歌·大司命》"令飘风兮先驱，使冻雨兮洒尘。"（以上神）《九辩》"左朱雀之茇茇兮，右苍龙之跃跃。属雷师之阗阗兮，道飞廉之衙衙"，《远游》"召丰隆使先导兮，问太微之所居……历太皓以右转兮，前飞廉以启路……风伯为余先驱兮，氛埃辟而清凉。凤皇翼其承旂兮，遇蓐收乎西皇……时暧曃其曭莽兮，召玄武而奔属。后文昌使掌行兮，选署众神以并毂……左雨师使经侍兮，右雷公以为卫……召黔嬴而见之兮，为余先乎平路"，《惜誓》"飞朱鸟使先驱兮，驾太一之象舆。苍龙蚴虬于左骖兮，白虎骋而为右骓"，《哀时命》"使枭杨先导兮，白虎为之前后"，《九怀·通路》"腾蛇兮后从，飞驱兮步旁"，《昭世》"使祝融兮先行，令昭明兮开门"，《株昭》"鹔鹏开路兮，后属青蛇"，《九叹·远游》"登昆仑而北首兮，悉灵圉而来谒。选鬼神于太阴兮，登闾阖于玄阙……驰六龙于三危兮，朝西灵于九滨……征九神于回极兮，建虹采以招指。驾鸾凤以上游兮，从玄鹤与鹔鸘。孔鸟飞而送迎兮，腾群鹤于瑶光……凌惊雷以轶骇电兮，缀鬼谷于北辰。鞭风伯使先驱兮，囚灵玄于虞渊"，《大人赋》"悉征灵圉而选之兮，部署众神于摇光。使五帝先导兮，反太一而从陵阳，左玄冥而右含雷兮，前陆离而后潏湟。厮征北侨而役羡门兮，属岐伯使尚方。祝融惊而跸御兮，清雾气而后行"，《淮南子·原道》"令雨师洒道，使风伯扫尘"，《抱朴子·杂应》"老君……从黄童百二十人，左有十二青龙，右有二十六白虎，前有二十四朱雀，后有七十二玄武，前道七十二穷奇，后从三十六辟邪，雷电在上，晃晃昱昱。"（以上仙）《招隐士》序"又怪其文，升天乘云，役使百神，似若仙者。"《抱朴子·金丹》"元君者，大神仙之人也，能调和阴阳，役使鬼神风雨。"

【注四】二阴字《御览》引并作汉，疑汉为溸之形误（溸字见《广韵·集韵》）。《说文》"英—曰黄英"。案《管子·禁藏》"毋夭英"，尹注曰"英，草木之初生也"，今呼苗初生者曰秧，英、秧一字，草木初生萌芽之色皆黄，故英有黄义。黄色谓之英，黄色的光亦谓之英。《九歌·云中君》"华采衣兮若英"，《文选·月赋》"嗣若英于西冥"，注曰"若英，若木之英也"。若木即西方之扶桑，今谓之晚霞，晚霞多黄，曰若英。《汉书·扬雄传》《甘泉赋》"噏青云之流瑕（霞）兮，饮若木之露英"，朝见于东方而色赤者曰霞，暮见于西方而色黄者曰英，霞英皆日旁的光气，故扬雄以朝瑕与露英对举。（《蜀都赋》"江珠瑕英"，盖亦谓珠光赤黄如日气。）沦露一声之转，沦溸当即露英，经以朝霞、沦溸对举，正犹赋以流瑕、露英并称，唯经以光气为水气，故字变从水耳。王注引作阴者当读为《尔雅·释畜》"阴白杂毛骃"之阴，舍人注曰"今之泥骢也"，郭注同，泥色黄，是阴有黄义。《尔雅》"黄白杂毛驈，阴白杂毛骃，苍白杂毛骓"，相次为文，盖阴色黄中发黑，苍又黑于阴也。阴从今声，今声字多有黄义。《小雅·车攻》"赤芾金舄"，《笺》"金舄，黄朱色也"，《说文》"颔，面黄也"，《广雅·释器》"黅，黄也"，又《说文》"稔，谷熟也"，案谷黄则熟也，《水经·浛水注》"浛水即黄水也"，是阴亦可有黄义（《周书·王会》"掸上张赤帝阴羽"，疑阴亦谓黄色，赤帝阴羽对文。孔注"阴，鹤也"，臆说无据），阴溸皆训黄，故沦阴一作沦溸。

沦阴即日暮时的云霞，既如上说，而云本是水气，所以沦阴又名飞泉。《庄子·逍遥游》"御六气之辩"，李注曰："平旦为朝霞，日中为正阳，日入为飞泉，夜半为沆瀣，〔并〕天地玄黄为六气也。"陵阳子明以日入为沦阴，李奇以为飞泉，名异而实同。盖泉霰声近，飞泉既飞霰（《说文》线古文作綫，《集韵》亦作缐，而《玉篇》霰一作霾，是线霰声近，即泉霰声近。）雨雪杂下曰霰，字一作霁，《说文》"霁，小雨财霁也"，二义相近，无妨通称。《韩诗·颏弁》薛君章句曰"霰，霓也。"（《文选·雪赋》注，《御览》一二引，又《宋书·符瑞志》引作英。）沦瀁一曰飞泉，犹霓一曰霰，瀁霓一字，泉霰亦一字矣。又《说文》霰重文作霓，《释天》"雨霓为霄"，（今本霄下有雪字，从《说文》删）。是霰又曰霄。然霄或以为即云。《淮南子·原道》"乘云陵霄"，《后汉书·张衡传》注"霄，云也"。或以为即霞，《水经·洛水注》"长霄冒岭，层霞冠峰"，《汉书·扬雄传》注"霄，日旁气也"，《后汉书·仲长统传》注"霄，摩天赤气也"。是霰又为云为霞。沦瀁本谓晚霞，而一曰飞泉，与霰为云霞，又为雪雨，其例正同。

原题名为"神仙考"，标题为编者所加

第二讲

伏羲考

闻一多

伏羲、女娲从前是兄妹,是夫妇,是人类的创造,
是洪水等等隔离的,有时还是矛盾的个别事件,
现在则是一个整个兄妹配偶兼洪水遗民型的人类推源故事。
从传统观念看来,这件事太新奇、太有趣了。

引论

伏羲与女娲的名字，都是战国时才开始出现于记载中的。伏羲见于《易·系辞下传》，《管子》(《封禅》《轻重戊》)，《庄子》(《人间世》《大宗师》《胠箧》《缮性》《田子方》)，《尸子·君治》，《荀子·成相》，《楚辞·大招》，《战国策·赵策二》。女娲见于《楚辞·天问》《礼记·明堂位》《山海经·大荒西经》，但后二者只能算作汉代的典籍，虽则其中容有先秦的材料。二名并称者则始见于《淮南子·览冥》，也是汉代的书。关于二人的亲属关系有种种说法。最无理由，然而截至最近以前最为学者们乐于拥护的一说，便是兄弟说。《世本·姓氏》曰：

女氏：天皇封弟娲于汝水之阳，后为天子，因称女皇。

此说之出于学者们的有意歪曲事实，不待证明。罗泌《路史·后纪》二和梁玉绳《汉书人表考》中的论调，不啻坦白地供认了他们所以不能不如此歪曲的苦衷，所以关于这一说，我们没有再去根究的必要。此外，较早而又确能代表传说真相的一说，是兄妹说。《路史·后纪》二注引《风俗通》曰：

女娲，伏希（羲）之妹。

《通志·三皇纪》引《春秋世谱》，《广韵》十三佳，《路史·后纪》二，马缟《中华古今注》等说同。次之是夫妇说。《唐书·乐志》载张说《唐享太庙乐章·钧天舞》曰：

合位娲后，同称伏羲。

据《乐志》，《钧天舞》是高宗时所用的乐章。这里以伏羲、女娲比高宗、武后，正表示他们二人的夫妇关系。稍后卢仝《与马异结交诗》说得更明显：

女娲本是伏羲妇。

此后同类的记载有宋人伪撰的《三坟书》，元杜道坚《玄经原旨发挥》和一些通俗小说之类。夫妇说见于记载最晚，因此在学者心目中也最可怀疑。直至近世，一些画像被发现与研究后，这说才稍得确定。这些图像均作人首蛇身的男女二人两尾相交之状，据清代及近代中外诸考古学者的考证，确即伏羲、女娲，两尾相交正是夫妇的象征。但是，依文明社会的伦理观念，既是夫妇，就不能是兄妹，而且文献中关于二人的记载，说他们是夫妇的，也从未同时说是兄妹，所以二人究竟是兄妹或是夫妇，在旧式学者的观念里，还是一个可以争辩的问题。直至最近，人类学报告了一个惊人的消息，说在许多边疆和邻近民族的传说中，伏羲、女娲原是以兄妹为夫妇的一对人类的始祖，于是上面所谓可以争辩的问题，才因根本失却争辩价值而告解决了。总之，"兄妹配偶"是伏羲、女娲传说的最基本的轮廓，而这轮廓在文献中早被拆毁，它的复原是靠新兴的考古学，尤其是人类学的努力才得完成的。现在将这两方面关于这题目的贡献略加介绍如下：

关于伏羲、女娲，考古学曾发现些石刻和绢画两类的图像。属于石刻类者有五种：

1. 武梁祠石室画像第一石第二层第一图

2. 同上左右室第四石各图

3. 东汉石刻画像

4. 山东鱼台西塞里伏羲陵前石刻画像

5. 兰山古墓石柱刻像（以上二种均马邦玉《汉碑录文》所述）

属于绢画类者有二种：

1. 隋高昌故址阿斯塔那（Astana）墓室彩色绢画（斯坦因得）

2. 吐鲁番古冢出土彩色绢画（黄文弼得）

上，东汉武梁祠石室画像之二（仿《东洋文史大系》第137页插图）

左，东汉武梁祠石室画像之一（仿钱唐黄氏摹刻唐拓本。原图左柱有隶书"伏戏仓精初造王业画卦结绳以理海内"16字，此未摹出。）

右，东汉石刻（仿同上《东洋文史大系》第171页插图）

40　西南联大神话通识课

上左，隋高昌故址阿斯塔那（Astana）墓室彩色绢画（仿斯坦因 [Aurel Stein]《亚洲腹地考古记》[Innermost Asia] 图 Cix）

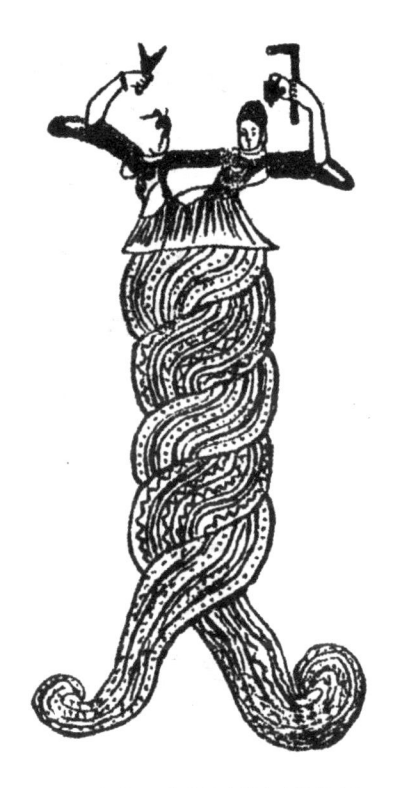

上右，重庆沙坪坝石棺前额画像（仿常任侠《沙坪坝出土之石棺画像研究》插图。《时事新报》渝版《学灯》第 41 期）

左，《洞神八帝妙精经》画像（左）后天皇君，人面蛇身，姓风，名庖羲，号太昊。（右）后地皇君，人面蛇身，姓云，名女娲，号女皇。（仿《道藏洞神部·八帝妙精经》插图）

伏羲考

上，新郑出土罍腹上部花纹（仿《新郑彝器》第88页）

上，铎舞花纹（仿叶慈 [W.Perceval Yetts]《卡尔藏中国青铜器》[The Cull Chinese Bronzes] 图21）

上，同上环鼻（仿《郑冢古器图考》卷五，20页，第24图）

上，古兵器花纹（仿《邺中片羽》卷下，第4页）

42　西南联大神话通识课

中以武梁祠画像尤其著名，诸家考释亦皆以此为根据。其中讨论得比较详细的，计有瞿中溶《汉武梁祠画像考》，马邦玉《汉碑录文》，容庚《汉武梁祠画像考释》。"伏羲""仓精"之语，既明见于画像的题识，则二人中之一人为伏羲，自不成问题，因而诸家考释的重心大都皆在证明其另一人为女娲。他们所用的证据，最主要的是诸书所屡见提到的伏羲、女娲人首龙身（或蛇身）之说，与画像正合。总之，考古学家对本题的贡献，是由确定图中另一人为伏羲的配偶女娲，因而证实了二人的夫妇关系。

人类学可供给我们的材料，似乎是无限度的。我并不曾有计划地收集这些材料。目前我所有的材料仅仅是两篇可说偶尔闯进我视线来的文章。

1. 芮逸夫《苗族的洪水故事与伏羲女娲的传说》(台湾中研院历史语言研究所《人类学集刊》第一卷第一期)

2. 常任侠《沙坪坝出土之石棺画像研究》(《时事新报》渝版《学灯》第四十一、四十二期，又《说文月刊》第一卷第十、十一期合刊)

前者搜罗材料，范围甚广。记录着芮氏自己所采集和转引中外书籍里的洪水故事，凡二十余则，是研究伏羲、女娲必不可少的材料。后者论材料的数量，虽远非前者之比，论其性质，却也相当重要。所载瑶族洪水故事和汉译苗文《盘王歌》一部分，也极有用。现在合并二文所记，依地理分布，由近而远，列号标目如下：

1. 湘西凤凰苗人吴文祥述洪水故事（芮文——《人类学集刊》一卷一期 156—158 页）

2. 湘西凤凰苗人吴佐良述洪水故事（同上 158—160 页）

3. 湘西凤凰苗人《傩公傩母歌》（同上 160—161 页）

4. 湘西乾城苗人《傩神起源歌》（同上 161—163 页）

5. 葛维汉（D.C.Graham）述川南苗人洪水故事（同上 174 页）

6. 贵州贵阳南部鸦雀苗洪水故事（同上 174 页引克拉克〔Samuel R.Clarke〕《中国西南夷地旅居记》〔Among the Tribes in Southwest China〕54—55 页）

7. 贵州安顺青苗故事（同上 169—170 页引鸟居龙藏《苗族调查报告》——编译馆译本 49 页）

8. 同上又一故事（同上 170 页引前书 48 页）

9. 苗人洪水故事（同上 170—171 页引萨费那[①]〔F.M.Savina〕《苗族史》〔Histoire des Miao〕245—246 页）

10. 黑苗《洪水歌》本事（同上 173—174 页引克拉克《中国西南夷地旅居记》43—46 页）

11. 赫微特（H.J.Hewitt）述花苗洪水故事（同上 171—173 页引前书 50—54 页）

12. 广西融县罗城瑶人洪水故事（常文——《说文月刊》一卷十、十一期合刊 714—715 页）

13. 广西武宣修仁瑶人洪水故事（同上 717 页）

[①] 今译作萨维纳或萨维那，法国传教士。下同。——编者注

14. 汉译苗文《盘王歌书葫芦晓歌》(同上 715—716 页)

15. 云南倮㑩洪水故事(芮文——《人类学集刊》一卷一期 189 页引维亚尔〔Paul Vial〕《倮㑩族》〔Les Lolos〕8—9 页)

16. 云南耿马大平石头寨栗粟人洪水故事(同上 189 页)

17. 云南耿马蚌隆寨老亢人洪水故事(同上 189 页)

18. 拉崇几哀(Lunnet de Lajonguiere)记法领东京蛮族(Man)洪水故事(同上 190 页引萨维那《苗族史》105 页)

19. 交趾支那巴那族(Ba-hnars)洪水故事(同上引盖拉希〔Guerlach〕《巴那蛮族的生活与迷信》〔Moeurs et Superstitions de Sauvages Ba-hnars, Le Mission Catholique〕xix 479 页)

20. 印度中部比尔族(Bhils)洪水故事(同上 190 页引鲁阿特〔C.F. Luard〕《马尔瓦森林部族》〔The Jungles Tribes of Malwa〕17 页)

21. 印度中部坎马尔族(Kammars)洪水故事(同上 190—191 页引罗塞尔〔R.V.Russell〕《印度中部的土族与社会阶级》〔Tribes and Casts of the Central Provinces of India〕iii 326—327 页)

22. 北婆罗洲配甘族(Pagans)洪水故事(同上 190 页引勃特〔Owen Butter〕《北婆罗洲的配甘族》〔The Pagans of the North Borneo〕248—249 页)

23. 同上又一故事(同上 190 页引前书同页)

24. 海南岛加钗峒黎人洪水故事(同上 189 页引刘咸《海南岛黎人文身之研究》——《民族学研究集刊》一期 201 页)

25. 台湾岛阿眉族(Ami)三洪水故事(同上 189—190 页引石井信次〔Shinji Ishii〕《台湾岛及其原始住民》〔The Island of Formosa and its Primitive Inhabitants〕13 页)

伏羲考 45

以上这些故事，记载得虽有详有略，但其中心母题总是洪水来时，只兄妹（或姊弟）二人得救，后结为夫妇，遂为人类的始祖。标目3和12，兄名皆作伏羲，标目13作伏仪，即伏羲。标目18兄名Phu-Hay，妹名Phu-Hay-Mui，显即伏羲与伏羲妹的译音。标目6兄名Bu-i，据调查人克拉克氏说，用汉语则曰Fu-hsi，也是伏羲的译音。同故事中的妹曰Kueh，芮氏以为即娲的对音，那也是可信的。除上述兄妹的名字与伏羲、女娲的名字相合外，芮氏又指出了故事中（一）创造人类与（二）洪水二点，也与文献中的伏羲、女娲传说相合。这故事中的兄妹即汉籍中的伏羲、女娲，便可完全肯定了。但人类学对这问题的贡献，不仅是因那些故事的发现，而使文献中有关二人的传说得了印证，最要紧的还是以前七零八落的传说或传说的痕迹，现在可以连贯成一个完整的有机体了。从前是兄妹，是夫妇，是人类的创造，是洪水等等隔离的，有时还是矛盾的个别事件，现在则是一个整个兄妹配偶兼洪水遗民型的人类推源故事。从传统观念看来，这件事太新奇、太有趣了。

以上所介绍的芮、常二文，芮文以洪水遗民故事为重心，而旁及于人首蛇身画像，常文则以人首蛇身画像为主题，而附论及洪水遗民故事。前者的立场是人类学的，后者是考古学的。而前者论列得尤其精细，创见亦较多。本文的材料既多数根据二文，在性质上亦可视为二文的继续。不过作者于神话有癖好，而对于广义的语言学（philology）与历史兴味也浓，故本文若有立场，其立场显与二家不同。就这观点说，则本文又可视为对二文的一种补充。总之，二君都是我的先导，这是我应该声明的。

从人首蛇身像谈到龙与图腾

人首蛇身神

　　人首蛇身像实有二种。一种是单人像，可用上名。一种是双人像，可称为人首蛇身交尾像。后者在我们研究的范围里尤其重要。目前我们所知道的交尾像计有七件，如前所列。今就画像的质地分为两类，一是石刻类，二是绢画类。画像中的人物即伏羲、女娲夫妇二人，早有定论。但那人首蛇身式的超自然的形体，究竟代表着一种什么意义？它的起源与流变又如何？这些似乎从未被探讨过的问题，正是本文所要试求解答的。

　　文献中关于伏羲、女娲蛇身的明文记载，至早不能超过东汉。

王逸《楚辞·天问》注"女娲人头蛇身。"

王延寿《鲁灵光殿赋》"伏羲鳞身，女娲蛇躯。"

曹植《女娲画赞》"或云二皇，人首蛇形。"

《伪列子·黄帝篇》"庖牺氏，女娲氏……蛇身人面。"

《帝王世纪》"庖牺氏……蛇身人首"，"女娲氏……亦蛇身人首"。（《类聚》二引）

《拾遗记》"又见一神，蛇身人面……示禹八卦之图，列于金版之上。……蛇身之神，即羲皇也。"

《玄中记》"伏羲龙身，女娲蛇躯。"（《文选·鲁灵光殿赋》注引）

不过《鲁灵光殿赋》虽是东汉的作品，所描写的则确乎是西汉的遗物。

灵光殿是鲁恭王余（前154—前127）的建筑物。赋中所描写的是殿内类似武梁祠刻石的壁画。从恭王余到王延寿约三百年间，殿宇可以几经修葺，壁外层的彩色可以几经刷新，但那基本部分的石刻是不会有变动的。人首蛇身的伏羲、女娲像，在西汉初期既已成为建筑装饰的题材，则其传说渊源之古，可想而知。有了这种保证，我们不妨再向稍早的文献中探探它的消息。

《山海经·海内经》曰：

南方……有人曰苗民。有神焉，人首蛇身，长如辕，左右有首，衣紫衣，冠旃冠，名曰延维。人主得而飨之，伯天下。

郭璞注说延维即《庄子》所谓委蛇，是对的。委蛇的故事见于《庄子·达生》：

> 桓公田于泽，管仲御，见鬼焉。公抚管仲之手曰："仲父何见？"对曰："臣无所见。"公反，诶诒为病，数日不出。
>
> 齐士有皇子告敖者曰："公则自伤，鬼则恶能伤公！……"
>
> 桓公曰："然则有鬼乎？"曰："有。沈（湛，《释文》，水污泥也）有履，灶有髻。户内之烦壤，雷霆处之；东北方之下者，倍阿鲑蠪跃之；西北方之下者，则泆阳处之。水有罔象，丘有峷，山有夔，野有彷徨，泽有委蛇。"
>
> 公曰："请问委蛇之状何如？"皇子曰："委蛇，其大如毂，其长如辕，紫衣而朱冠。其为物也，恶雷①闻雷车之声，则捧其首而立。见之者殆乎霸。"桓公辴然而笑曰："此寡人之所见者也。"于是正衣冠与之坐，不终日而不知病之去。

关于"左右有首"，也许需要一点解释。《山海经》等书里凡讲到左右有首，或前后有首，或一身二首的生物时，实有雌雄交配状态之误解或曲解。（正看为前后有首，侧看为左右有首，混言之则为一身二首。详卜。）综合以上《山海经》和《庄子》二记载，就神的形貌说，那人首蛇身，左右有首，和紫衣朱冠三点，可说完全与画像所表现的相合。然而我们相信延维或委蛇，即伏羲、女娲，其理尚不只此。

---

① 原脱此雷字，今依文义补。

1. 相传伏羲本是"为百王先首"的帝王，故飨之或见之者可以霸天下。

2. 上揭洪水故事1、2、3、4、12、13、18，都以雷神为代表恶势力的魔王，他与兄妹的父亲（即老伏羲）结了仇怨，时时企图伤害老伏羲，最后竟发动洪水，几乎将全人类灭绝。这来，伏羲怕雷不是很自然的吗？所以在《庄子》里，委蛇"闻雷车之声，则捧其首而立"，是不为无因的。

3. 最后，也最重要的是那以伏羲、女娲为中心的洪水遗民故事，本在苗族中流传最盛，因此芮氏疑心它即起源于该族。依芮氏的意想，伏羲、女娲本当是苗族的祖神。现在我既考定了所谓"延维"或"委蛇"者即伏羲、女娲，而《山海经》却明说他们是南方苗民之神。这与芮氏的推测，不完全相合了吗？

《海内经》据说是《山海经》里最晚出的一部分，甚至有晚到东汉的嫌疑。但传说同时又见于《庄子·达生》。属于《庄子·外篇》的《达生》，想来再晚也不能晚过西汉，早则自然可以到战国末年。总观上揭所有的人首蛇身神的图像与文字记载，考其年代，大致上起战国末叶，下至魏晋之间。这是一个极有趣的现象，因为那也正是古帝王的伏羲女娲传说在史乘中最活跃的时期。最初提到伏羲或伏羲氏的典籍是《易经》（《系辞下传》），《管子》（《封禅》《轻重戊》），《庄子》（《人间世》《大宗师》《胠箧》《缮性》《田子方》），《尸子》（《君治》，又《北堂书钞》一五三引佚文），《荀子》（《成相》），《楚辞》（《大招》），《战国策》（《赵策二》）。女娲则始见于《楚辞》（《天问》）和《礼记》（《明堂位》），《山海经》（《大荒西经》）。二人名字并见的例，则始于《淮南子》(《览冥》)。他们在同书里又被称为二神(《精神》),或二皇(《原道》《缪称》)。不久,在纬书中(《尚书中候》《春秋元命苞》及《运斗枢》),我们便开始看见他们被列为三皇中之首二皇。大概从西汉末到东汉末是伏羲、女娲在史乘上最煊赫的时期。到三国时徐整的《三五历记》,盘古传说开始出现,伏羲的地位便开始低落了。所以我们拟定魏晋之间为这个传说终止活跃的年代。史乘上伏羲、女娲传说最活跃的时期,也就是人首蛇身神的画像与记载出现的时期,这现象也暗示着人首蛇身神即伏羲、女娲的极大可能性。

因左右有首的人首蛇身神而产生的二首人的传说,也是在这个时期中发现的。

睽孤,见豕负涂,厥妖人生两头。(京房《易传》)

平帝元始元年……六月,长安女子生儿,两头异颈,面相向,四臂共匈,俱前向。……(《汉书·五行志》下之上)

蒙双民。昔高阳氏有产而为夫妇,帝放之此野,相抱而死。神鸟以不死草覆之,七年男女皆活,同颈二头四手。是为蒙双民。(《博物志》二)

最后一故事说"同产而为夫妇",与伏羲、女娲以兄妹为夫妇尤其类似。看来,不但人首蛇身像的流传很早,连兄妹配偶型的洪水故事,在汉族中恐怕也早就有了。

二龙传说

揣想起来，在半人半兽型的人首蛇身神以前，必有一个全兽型的蛇神的阶段。《郑语》载史伯引《训语》说：

夏之衰也，褒人之神化为二龙，以同于王庭，而言曰："余，褒之二君也。"夏后卜杀之，与去之，与止之，莫吉。卜请其漦而藏之，吉。乃布币焉，而策告之。龙亡而漦在，椟而藏之，传郊之，殷周莫之发也。及厉王之末，发而观之，漦流于庭，不可除也。王使妇人不帏而噪之，化为玄鼋。

"同"即交合之谓。《海内经》"伯陵同吴权之妻阿女缘妇。"郭注曰："同犹通淫之也"，《急就篇》亦有"沐浴揥搣寡合同"之语。"二龙同于王庭"使我们联想起那"左右有首"的人首蛇身交尾像。

"二君"韦注曰"二先君"，《史记·周本纪》集解引虞翻曰："龙自号褒之二先君也。"由二龙为"同于王庭"的雌雄二龙推之，所谓"二君"自然是夫妇二人。夫妇二人有着共同为人"先君"的资格，并且是龙的化身，这太像伏羲、女娲了。伏羲本一作包羲，包、褒同音，说不定伏羲氏与褒国果然有着极其密切的关系。至少我们以这二龙之神，与那人首蛇身的二神来代表一种传说在演变过程上的前后二阶段，是毫不牵强的。

在现存的文献中，像《郑语》所载的那样完整的故事，那样完好地保存着二龙传说的原型，不用说，是不易找到第二个的。不过

关于这传说的零星的"一鳞半爪",只要我们肯留心,几乎到处都是。现在我们略举数例如下

1. 交龙

交龙为旂。(《周礼·司常》)
昔黄帝驾象车,交龙毕方并辖。(《风俗通·声音》)
锦有大交龙,小交龙。(《邺中记》)

什么是交龙?郑玄注《周礼·司常》"诸侯建旂",曰"诸侯画交龙,一象其升朝,一象其下复也。""升朝""下复"的解释很可笑,但注文的意思,以为交龙是两龙相交,一首向上,一首向下,却不错。他注《觐礼记》"天子载大旂,象日月,升龙降龙",曰"大旂,大常也。王建大常,缭首画日月,其下及旒交画升龙降龙。"所谓"交画升龙降龙"正是两龙相交,一首向上,一首向下之状。《释名·释兵》曰"交龙为旂。旂,倚也,画作两龙相依倚。"刘熙的解释与郑玄略异,但以交龙为两条龙,则与郑同。

所谓交龙者既是二龙相交的图像,而绘着这种图像的旂又是天子诸侯的标识,则交龙与那"同于王庭"的褒之二龙是同一性质的东西,可无疑问了。《汉书·高帝纪》上说:

母(刘)媪,尝息大泽之陂,梦与神遇。是时雷电晦冥。父太公

伏羲考　53

往视，则见交①龙于上。已而有娠，遂产高祖。

这交龙也是指相交的雌雄二龙——雄龙神，雌龙刘媪②。代表神与刘媪的二龙，与代表褒之二君的二龙，仍然是同一性质的东西。我们在上文已经指出伏羲、女娲与褒之二君的类似处，再看《路史·后纪》一注引《宝椟记》：

帝女游于华胥之渊，感蛇而孕，十三年生庖牺。

这和"赤龙感心媪"（《太平御览》八七引《诗含神雾》）而生刘邦的故事，又何其相似！

2. 螣蛇

古书有所谓"螣蛇"者，或作"腾蛇"。

飞龙乘云，腾蛇游雾。（《韩非子·难势》引《慎子》）

螣蛇无足而飞。（《荀子·劝学》）

腾蛇伏地，凤皇覆上。（《韩非子·十过》）

腾蛇游雾而殆于蝍蛆。（《淮南子·说林》）

腾蛇游于雾露，乘于风雨而行，非千里不止。（《说苑·杂言》）

---

① 《史记》作"蛟"，误。说详下注。

② 下文说高祖"醉卧，武负王媪见其上常有龙"。高祖自己是龙，他母亲也当是龙。《正义》引《陈留风俗传》曰："沛公起兵野战，丧皇妣于黄乡，天下平定，使使者以梓宫招幽魂，于是丹蛇在水，自洒跃入梓宫。"可证刘媪也原是龙。这里刘媪一龙，神一龙，正是二龙。

许慎说螣是一种神蛇，郭璞说它是龙类。看它"能兴云雾而游其中"（《尔雅》郭注），又有鳞甲（《后汉书》注引《尔雅》旧注），说它是属于龙类的一种神蛇，是可信的。《汉书·天文志》"权，轩辕，黄龙体"，注引孟康曰"形如腾龙。"如果这所谓腾龙即腾蛇，则螣蛇之为龙类，更无问题了。但螣字的含义，似乎从未被说明过。我们则以为螣蛇之"螣"与交龙之"交"的意义一样。"螣"，从"朕"声。"朕"声字多有"二"义，最明显的如"媵"（从朕省声）训双（《方言》二），"賸"训二（《广雅·释诂》四），"腾"训儋，两头有物（《方言》七郭注），皆是。引申起来，物相增加则谓之"滕"（《说文》），牝牡相交谓之"腾"。相交与相加之义极近。《月令》"乃合累牛腾马，游牝于牧。"郑注曰"累腾皆乘匹之名。""乘匹"即《周礼·牧师》"仲春通淫"及《校人》"春执驹"之谓，故郑注《校人》曰"春通淫之时，驹弱，为其乘匹伤之也。"螣蛇之"螣"本一作"腾"，"螣蛇"的本义应是"乘匹之蛇"。《淮南子·泰族》曰：

腾蛇雄鸣于上风，雌鸣于下风，而化成形，精之至也。

刘勰《新论·类感》作"螣"[①]。"雄鸣于上风，雌鸣于下风，而化成形"，正是由二蛇相交的观念演化出来的一种传说。螣蛇又名弃

---

① 《庄子·天运》作"虫雄鸣于上风，雌鸣于下风而风化"。虫即螣之声转，螣从朕声，侵部，虫冬部，二部古音最近，故章炳麟合为一部。《韩非子·十过》"螣蛇伏地"，《事类赋》注十一引螣亦作虫。

伏羲考　55

蛇，见《淮南子·览冥》高注，及《尔雅·释鱼》郭注。"奔"亦有乘匹之义。《鄘风·鹑之奔奔》"鹑之奔奔，鹊之彊彊。"《释文》引《韩诗》曰"奔奔彊彊，乘匹之貌。"《左传·襄公二十七年》，伯有赋《鹑之贲贲》，赵孟斥之为"床第之言"，可作韩义的佳证。螣蛇又名奔蛇，而"螣"（腾）"奔"皆训乘匹，可见"螣蛇"的本义确与上文所解说的交龙一样。并且"螣"之言"滕"也，"交"之言"绞"也。若舍用而言体，则螣蛇亦可谓之滕蛇，交龙亦可谓之绞龙。滕、缠一声之转，《杂记》疏曰："〔绳〕两股相交谓之绞"，缠与绞同义，正如"螣"（腾）与"交"同义一样。又《方言》五"椎，其横关西曰槤"，郭注曰"亦名校"。钱绎《笺疏》曰："栈（槤）亦名校者，犹机持会者谓之交也。《说文》：'椱，机持会者。'又鲁季敬姜说织曰：'持交而不失，出入不绝者梱也。'持交即持会也。"螣蛇一名交龙，与槤一名校，又属同例。校既是取义于交会，则槤之取义于滕缠可知。交龙与螣蛇之名，即取交合与滕缠之义，也同校与槤之取义于交会与滕缠一样。总之螣蛇与交龙，不拘就哪种观点说，都是同义语。交龙和那"同于王庭"的褒之二龙，是同一性质的东西，我们在上文已经讲过。如今又证明了螣蛇与交龙为同义语，则螣蛇与褒之二龙的关系可以不言而喻了。

3. 两头蛇

两头蛇又有种种异名。现在将传说中凡具有这种异状的蛇，都归为一类。

中央有枳首蛇焉。(《尔雅·释地》)

楚相孙叔敖为儿之时，见两头蛇，杀而埋之。(《论衡·福虚》)

今江东呼两头蛇为越王约发。(《尔雅·释地》郭璞注)

蚕蚕在其（君子国）北，各有两首。(《海外东经》)

魄（虺）二首。(《颜氏家训·勉学》引《庄子》佚文)

虫有魄者，一身两口。(《韩非子·说林》下篇)

方皇状如蛇，两头，五采文。(《庄子·达生》司马彪注)

谓之"两头"者，无论是左右两头，或前后两头，不用讲，都是两蛇交尾状态的误解或曲解。这可以由参考关于两头鸟和两头兽的几种记载而得到证明。

（1）鸟名鹦者两首四足，牛状的天神八足二首，均见《西山经》。神鹿一身八足两头，见《楚辞·天问》王注。鸟有两头，同时也有四足，可见原是两鸟。兽有两头，同时也有八足，可见原是两兽。

（2）《公羊传·宣公五年》杨疏引旧说曰"双双之鸟，一身二首，尾有雌雄，常不离散。"既雌雄备具，又常不离散，其为两鸟交配之状，尤为明显。

（3）两头虺名曰并封（《海外西经》），一作屏蓬（《大荒西经》）。一种名蟜虫的二首神所居的山，名曰"平逢之山"（《中山经》）。"并封""屏蓬""平逢"等名的本字当作"并逢"。"并"与"逢"都有合义。兽牝牡相合名曰"并逢"，犹如人男女私合曰"妍"（《仓颉篇》）。《周颂·小毖》"予其惩而毖后患，莫予荓蜂"，《毛传》曰："荓蜂，掔曳也。"荓蜂字一作甹夆。《尔雅·释训》"甹夆，掣曳也"，郭注曰："谓牵掁。"荓蜂（甹夆）亦即并逢。交合与牵掣，只是一种行为中向

伏羲考　57

心与离心两种动作罢了。盛弘之《荆州记》描写武陵郡西的两头鹿为"前后有头,常以一头食,一头行",正是"并逢"所含的"掣曳牵拖"之意的具体说明。

(4)《西山经》"其鸟多鸓……赤黑而两首四足","鸓"当与《月令》"累牛腾马"之"累"通,郑注训为"乘匹之名"。"乘匹"的解释,已详上文。"累""腾"同义,而"累"与"鸓","腾"与"螣"字并通,然则乘匹之鸟谓之鸓,亦犹乘匹之蛇谓之螣。以上我们由分析几种两头鸟和两头兽的名称与形状,判定了那些都是关于鸟兽的性的行为的一种歪曲记录。

两头蛇可以由此类推。我们又注意到鸓鸟与螣蛇的命名完全同义。若许由这一点再推论下去,两头鸟既名曰鸓鸟,则所谓两头蛇者莫非就是螣蛇!这不是不可能的,如果我们明了由交龙到螣蛇,由螣蛇到两头蛇,是传说演变过程中三个必然的步骤。

在"交龙"一词中,其龙之必为雌雄二龙,是显而易见的。"螣蛇"则不然。若非上揭《淮南子》"雄鸣于上风,雌鸣于下风"那两句话,这蛇之为雌雄二蛇,便毫无具体的对证。然而在这里,"二蛇"的含义,毕竟只是被隐瞒了,充其量也只是对那一层消极的保持缄默。说到"两头蛇",那便居然积极地肯定了只有一条蛇。三种名称正代表着去神话的真相愈来愈远的三种观念。然而即在讹变最甚的两头蛇传说中,有时也不免透露一点真实的、正确的消息。江东呼两头蛇为"越王约发"。"约发"虽不甚可解,"越王"二字所显示的身份,不与那身为"褒之二君"的二龙相埒吗?孙叔敖杀死两头蛇的故事,经过较缜密地分析,也可透露同类的消息。不过这问题太复杂,这里无法讨论。

4. 一般的二龙

古书讲到龙的故事,往往说是二龙。

> 帝赐之(孔甲)乘龙,河汉各二,各有雌雄。(《左传·昭公二十九年》)

> 今王(魏安釐王)四年,碧阳君之诸御产二龙。(《开元占经·人及鬼神占》引《纪年》)

> 秦犯夷,输黄龙一双。(《后汉书·南蛮传》载秦昭王与板楯蛮夷盟)

> 惠帝二年正月癸酉旦,有两龙见于兰陵廷东里温陵井中。(《汉书·五行志》下之上)

> 孔子生之夜,有二苍龙自天而下。(《伏侯古今注》)

> (甘露)四年春正月,黄龙二见宁陵县界井中。(《魏志·高贵乡公传》)

> 孙楚上书曰:"顷闻武库井中有二龙"。(《开元占经·龙鱼虫蛇占》引《晋阳秋》)

> 谢晦家室□宅南路上有古井,以元嘉二年,汲者忽见二龙,甚分明。(同上引《异苑》)

神人乘驾二龙,尤其数见不鲜。

> 驾两龙兮骖螭。(《九歌·河伯》)

伏羲考　59

禹平天下，二龙降之，御龙行域外[1]，既周而还。（敦煌旧抄《瑞应图》残卷引《括地图》）

大乐之野，夏后启于此儛九代，乘两龙。（《海外西经》）

南方祝融，兽身人面，乘两龙。（《海外南经》）

西方蓐收，左耳有蛇，乘两龙。（《海外西经》）

北方禺彊，人面鸟身，黑身手足，乘两龙。[2]（《海外北经》）

东方句芒，马身人面，乘两龙。（《海外东经》）

在传说里，五灵中凤麟虎龟等四灵，几乎从未听见成双地出现过，唯独龙则不然。除非承认这里有着某种悠久的神话背景，这现象恐怕是难以解释的，与这等情形相似的，是古器物上那些双龙（或蛇）相交型的平面的花纹，或立体的附加部分，如提梁、耳环、纽、足等。这些或为写实式的图像，或为"便化"的几何式图案，其渊源于某种神话的"母题"，也是相当明显的。上揭《邺中记》"锦有大交龙，小交龙"，本指锦的图案而言，所以也可归入这一类。以上这些见于文字记载和造型艺术的二龙，在应用的实际意义上，诚然多半已与原始的二龙神话失去联系，但其应用范围之普遍与时间之长久，则适足以反映那神话在我们文化中所占势力之雄厚。这神话不但是褒之二龙以及散见于古籍中的交龙、螣蛇、两头蛇等传说的共同来源，同时它也是那人首蛇身的二皇——伏羲、女娲，和他们的化身——延维或委蛇的

---

[1] 原缺"外"字，依《博物志》二补。

[2] 今本"黑身手足乘两龙"作"珥两青蛇践两青蛇"，此从郭注引一本改。

来源。神话本身又是怎样来的呢？我们确信，它是荒古时代的图腾主义（Totemism）的遗迹。

图腾的演变

我们在上文时而说龙，时而又说蛇。龙蛇的关系究竟怎样？它们是一种生物呢，还是两种？读者们心中恐怕早已在为这些问题纳闷。在解答这些问题之前，我们先要问究竟什么是龙？是的，什么是龙，确乎是一个谜。天文房星为龙，又为马。《尚书中候·握河纪》说"龙马衔甲……自河而出。"《论衡·龙虚》说"世俗画龙之象，马头蛇尾"，可见龙确像马。龙像马，所以马往往被呼为龙。《月令》"驾苍龙"，《尸子·君治》"人之言君天下者……骐骥青龙，而尧素车白马"，《吕氏春秋·本味》"马之美者，青龙之匹"，《周礼·庾人》"马八尺以上为龙"，皆其例。龙有时又像狗。《后汉书·孔僖传》"画龙不成反类狗"，《列仙传·呼子先传》"有仙人持二茅狗来……子先与酒媪各骑其一，乃龙也"，《博物志》八引《徐偃王志》"有犬名鹄仓……临死生角而九尾，实黄龙也"，《陈书》"正元元年有黑龙如狗走宣阳门"。龙像狗，所以狗也被呼为龙。《搜神后记》九"会稽句章民张然……在都养一狗，甚快，名曰乌龙。"此外还有一种有鳞的龙像鱼，一种有翼的又像鸟，一种有角的又像鹿。至于与龙最容易相混的各种爬虫类的生物，更不必列举了。然则龙究竟是个什么东西呢？我们的答案是：它是一种图腾（Totem），并且是只存在于图腾中而不存在于生物界中的一种虚拟的生物,因为它是由许多不同的图腾糅合成的一种综合体。因部落的兼并而产生的混合的图腾,古埃及是一个显著的例。在我们历史上,五方兽中的北方玄武本是龟蛇二兽,也是一个好例。不同的是这些是几个图腾单位并存着。各单位的个别形态依然未变,而龙则是许多单位经过融化作用,形成了一个新的大单位,其各小单位已经是不复个别的存在罢了。前者可称为混合式的图腾,后者为化合式的图腾。部落既总是强的兼并弱的,大的兼并小的,所以在混合式的图腾中总有一种主要的生物或无生物,作为它的基本的中心单位,同样的在化合式的图腾中,也必然是以一种生物或无生物的形态为其主干,而以其他若干生物或无生物的形态为附加部分。龙图腾,不拘它局部的像马也好,像狗也好,或像鱼,像鸟,像鹿都好,它的主干部分和基本形态即是蛇。这表明在当初那众图腾单位林立的时代,内中以蛇图腾为最强大,众图腾的合并与融化,便是这蛇图腾兼并与同化了许多弱小单位的结果。金文龙字(《邵钟》《王孙钟》)和莽字(《颂鼎》《颂毁》《禾毁》《秦公毁》《陈侯因𰯼镦》)的偏旁皆从巳,而巳即蛇[1],可见龙的基调还是蛇。大概图腾未合并以前,所谓龙者只是一种大蛇。这种蛇的名字便叫作"龙"。后来有一个以这种大蛇为图腾的团族(Klan)兼并了,吸收了许多别的形形色色的图腾团族,大蛇这才接受了兽类的四脚,马的头,鬣的尾,鹿的角,狗的爪,鱼的鳞和须……于是便成为我们现在所知道的龙了。这样看来,

---

[1] 王充、郑玄、许慎都以巳为蛇,不误。不但古字㠯象蛇形,上古声母巳(*dz—)蛇(*dé—)亦相近。

龙与蛇实在可分而又不可分。说是一种东西，它们的形状看来相差很远，说是两种，龙的基调还是蛇。并且既称之为龙，就已经承认了它是蛇类，因为上文已经说过，"龙"在最初本是一种大蛇的名字。总之，蛇与龙二名从来就纠缠不清，所以我们在引用古书中关于龙蛇的传说时，就无法也不必将它们分清。甚至正因其分不清，这问题对于我们才特别有意义。不错，唯其龙蛇分不清，我们才更能确定龙是古代图腾社会的遗迹，因为我们知道，图腾的合并是图腾式的社会发展必循的途径。

图腾有动物，有植物，也有无生物，但最习见的还是动物。同一图腾的分子都自认为这图腾的子孙。如果图腾是一种动物，他们就认定那动物为他们的祖先，于是他们自己全团族的男男女女、老老少少也都是那种动物了。在中国的某些民族中，曾奉狗为图腾的瑶族，如今还很鲜明地保存着这种意识。陆次云《峒溪纤志》说他们"岁首祭盘瓠，揉鱼肉于木槽，扣槽群号以为礼"。刘锡蕃《岭表纪蛮》也说："狗王唯狗瑶祀之。每值正朔，家人负狗环行炉灶三匝，然后举家男女向狗膜拜。是日就餐，必扣槽蹲地而食，以为尽礼。"这种风俗与现代世界各处的图腾团族举行舞会，装扮并模仿其图腾的特性与动作，是同样性质的。我国古代所谓"禹步"的一种独脚跳舞，本是仿效蛇跳，也属于这类。他们之所以要这样做，确有其绝对的实际作用。凡图腾都是那一图腾团族的老祖宗，也是他们的监护神和防卫者，它给他们供给食物，驱除灾祸，给他们降示预言以指导他们趋吉避凶。如果它是一种毒虫或猛兽，那更好，因为那样它更能为儿孙们尽防卫之责。每个老祖宗当然知道谁是它的儿孙，认识他们的相貌和声音。但儿孙太多时，老祖宗一时疏忽，认错了人，那是谁也不能担保的。所以为保证老祖宗的注意，儿孙们最好是不时在老祖宗面前演习他们本图腾的特殊姿态、动作与声调，以便提醒老祖宗的记忆。这便是前面所讲的瑶族祭狗王时"扣槽群号"而食和"禹步"的目的。另一种保证老祖宗注意的方法，是经常在装饰上表现着本图腾的特殊形象，以便老祖宗随时随地见面就认识。代表这一种手段的实例，便是我们马上就要讨论的龙图腾的"断发文身"的风俗。

"阿玛巴人（Omabas）的'龟'部族，把头发剪成和龟的甲壳同样的形式，在四边分成六条小辫，代表龟的四足与头尾。小鸟的部族，则在额上梳成鸟的喙，有的又在脑后留小辫，以代表鸟的尾，在两耳上梳成两簇头发，以代表鸟的两翼。有时更在身上刺画种种花纹，力求与其图腾的形态相类似。"（胡愈之译《图腾主义》30页）在我国古代，有几个著名的修剪头发（断发）、刺画身体（文身）的民族，其装饰的目的则在模拟龙的形状。

九疑之南，陆事寡而水事众，于是民人劗①发文身，以像鳞虫。（《淮南子·原道》。高诱注曰："文身，刻画其体，内墨其中，为蛟龙之状。以入水，蛟龙不害也，故曰以像鳞虫也。"）

诸发曰："彼越……处海垂之际，屏外蕃以为居，而蛟龙又与我争焉。是以剪发文身，烂然成章，以像龙子者，将避水神也。"（《说

---

① "劗"原误作"被"，从王引之校改。

范·奉使》)

（粤人）文身断发，以避蛟龙之害。(《汉书·地理志》下)

越人以箴刺皮为龙文，所以为尊荣之也。(《淮南子·泰族》许慎注)

（越人）常在水中，故断其发，文其身，以像龙子，故不见伤害也。(《汉书·地理志》下应劭注)

（哀牢）种人皆刻画其身，像龙文。(《后汉书·西南夷传》)

《淮南子》《说苑》和班固、高诱、应劭等一致都认为文身的动机是要避蛟龙之害。内中《说苑》所载越人诸发的故事又见于《韩诗外传》八（《外传》里"诸发"作"廉稽"），《韩诗外传》和《说苑》都是典型的抄撮古书的书，这故事必出自先秦古籍。避害之说可能就是实行文身的越人自己的解释，所以这点材料特别宝贵，我们得将它仔细分析一下。为什么装扮得像龙，就不为蛟龙所害呢？人所伪装的龙，其像真龙能像到什么程度？龙果真那样容易被骗吗？并且水里可以伤害人的东西，不见得只有龙一种。越人纵然"常在水中"，也不能一辈子不登陆，对陆上害人的虎豹之类何以又毫无戒心呢？然则断发文身似乎还当有一层更曲折、深远的意义。龙之不加害于越人，恐怕不是受了越人化装的蒙蔽，而是它心甘情愿如此。越人之化装，也不是存心欺骗，而是一种虔诚心情的表现。换言之，"断发文身"是一种图腾主义的原始宗教行为。（图腾崇拜依然是一种幼稚的宗教。）他们断发文身以像龙，是因为龙是他们的图腾。换言之，因为相信自己为"龙种"，赋有"龙性"，他们才断发文身以像"龙形"。诸发所谓"以像龙子"者，本意是说实质是"龙子"，所差的只是形貌不大像，所以要"断其发，文其身"以像之。既然"断发文身"只是完成形式的一种手续，严格说来，那件事就并不太重要。如果一个人本非"龙子"，即使断发文身，还是不能避害的。反之，一个人本是"龙子"，即使不断发，不文身，龙也不致伤害他。不过这是纯理论的说法。实际上，还是把"龙子"的身份明白地披露出来妥当点，理由上文已经说过。还有龙既是他们的图腾，而他们又确信图腾便是他们的祖宗，何以他们又那样担心蛟龙害他们呢？世间岂有祖宗会伤害自己的儿孙的道理？讲到这里，我们又疑心断发文身的目的，固然是避免祖宗本人误加伤害，同时恐怕也是给祖宗便于保护，以免被旁人伤害。最初，后一种意义也许比前一种还重要些。以上所批评的一种"断发文身"的解释，可称为"避害说"。这样还不能完全说明断发文身的真实动机和起源，但其中所显示的图腾崇拜的背景却是清清楚楚的。例如说"常在水中"，"蛟龙又与我争焉"，等于说自己是水居的生物。说"龙子"更坦率地承认了是"龙的儿子"。说"将避水神"，也可见那龙不是寻常的生物，而是有神性的东西。

至于许慎所谓"刺皮为龙文，所以为尊荣之也"，可称为"尊荣说"。这一说似乎与图腾无关，其实不然。就现代人观点看来，人绝不以像爬虫为尊荣。这完全是图腾主义的心理。图腾既是祖宗，又是神，人哪有比像祖宗、像神更值得骄傲的事呢！龙之所以有资格被奉为图腾，当然有个先决条件。一定是先假定了龙有一种广大无边的超自然的法力，即所谓"魔那"（Manna）者，然后才肯奉它为图腾，崇拜它，信任它，皈依它，把整个身体和心灵都交付给它。如果有方法使自己也变得和它一样，那岂不更妙？在这里，巫术——模拟巫术便是野蛮人的如意算盘。"断其发，文其身"——人一像龙，人便是龙了。人是龙，当然也有龙的法力或"魔那"，这一来，一个人便不待老祖宗的呵护，而自然没有谁敢伤害、能伤害他了。依"避害说"的观点，是一个人要老祖宗相信他是龙，依"尊荣说"的观点，是要他自己相信自己是龙。前者如果是"欺人"，后者便是"自欺"了。"自欺"果然成功了，那成就便太大了。从此一个人不但不怕灾害的袭击，因而有了"安全感"，并且也因自尊心之满足而有了"尊荣感"了。人从此可以神自居了！《桂海虞衡志·志蛮》曰："女及笄，即黥颊为细花纹，谓之绣面女。既黥，集亲客相庆贺。惟婢获则不刺面。"这也是尊荣说的一个实例。

先假定龙是自己的祖宗，自己便是"龙子"，是"龙子"便赋有"龙性"，等装扮成"龙形"，愈看愈像龙，愈想愈是龙，于是自己果然是龙了。这样一步步地推论下来，可称为"人的拟兽化"，正是典型的图腾主义的心理。这是第一个阶段，从第一阶段到第二阶段，便是从图腾变为始祖。杜尔干（Durkheim）说"始祖之名仍然是一种图腾"（宗教生活的初级形式）是对的。上文所讨论的人首蛇身神，正代表图腾卄始蜕变为始祖的一种形态。我们疑心创造人首蛇身型的始祖的蓝本，便是断发文身的野蛮人自身。当初人要据图腾的模样来改造自己，那是我们所谓"人的拟兽化"。但在那拟兽化的企图中，实际上他只能做到人首蛇身的半人半兽的地步。因为身上可以加文饰，尽量地使其像龙，头上的发剪短了，也多少有点帮助，面部却无法改变，这样结果不正是人首蛇身了吗？如今知识进步，根据"同类产生同类"的原则，与自身同型的始祖观念产生了，便按自己的模样来拟想始祖，自己的模样既是半人半兽，当然始祖也是半人半兽了。这样由全的兽型图腾蜕变为半人半兽型的始祖，可称为"兽的拟人化"。这是第二个阶段。在这阶段中，大概文身的习俗还存在，否则也离那习俗被废弃时不久。等到文身的习俗完全绝迹，甚至连记忆也淡薄了，始祖的模样便也变作全人型的了。这是第三个阶段。

当然每一新阶段产生之后，前一阶段的观念并不完全死去。几个观念并存时，不免感觉矛盾，矛盾总是要设法调解的。调解的方式很多，这里只举一种较为巧妙的例。传说中禹本是龙（详下）。《天问》"应龙何画？河海何历？"王注曰："禹治洪水时，有神龙以尾画地，导水所注当决者，因而治之。"这里画地成河的龙实即禹自己，能画地成河就是禹疏凿江河。图腾的龙禹，与始祖的人禹并存而矛盾了，于是便派龙为禹的老师，说禹治水的方法是从龙学来的。洪水故事说洪水退后，只剩姊弟二人。弟弟见蜥蜴交尾，告诉姊姊，二人便结为夫妇。后生双胎，即现代人类的始祖。这里交尾的蜥蜴实即姊弟二人。故事的产生，也为着调解图腾的蜥蜴与始祖的姊弟二人说。这故事的格式与禹学龙治水正是同一类型。

图腾与"沓布"（taboo）是不能分离的。文献中关于龙蛇的传说与故事，可以"沓布"来解释的着实不少，如上文所引齐桓公见委蛇与孙叔敖杀两头蛇的故事都是。但是谈到沓布，似乎得另起端绪，而且说来话长，非本文篇幅所许，所以只好留待以后再讨论了。

龙图腾的优势地位

假如我们承认中国古代有过图腾主义的社会形式，当时图腾团族必然很多，多到不计其数。我们已说过，现在所谓龙便是因原始的龙（一种蛇）图腾兼并了许多旁的图腾，而形成的一种综合式的虚构的生物。这综合式的龙图腾团族所包括的单位，大概就是古代所谓"诸夏"和至少与他们同姓的若干夷狄。他们起初都在黄河流域的上游，即古代中原的西部，后来也许因受东方一个以鸟为图腾的商民族的压迫，一部分向北迁徙的，即后来的匈奴，一部分向南迁移的，即周初南方荆楚、吴越各蛮族，现在的苗族即其一部分的后裔。留在原地的一部分，虽一度被商人征服，政治势力暂时衰落，但其文化势力不但始终屹然未动，并且做了我国四千年文化的核心。东方商民族对我国古代文化的贡献虽大，但我们的文化究以龙图腾团族（下简称龙族）的诸夏为基础。龙族的诸夏文化才是我们真正的本位文化，所以数千年来我们自称为"华夏"，历代帝王都说是龙的化身，而以龙为其符应，他们的旗章，宫室，舆服，器用，一切都刻画着龙文。总之，龙是我们立国的象征。直到民国成立，随着帝制的消亡，这观念才被放弃。然而说放弃，实地里并未放弃。正如政体是民主代替了君主，从前作为帝王象征的龙，现在变为每个中国人的象征了。也许这现象我们并不自觉。但一出国门，假如你有意要强调你的生活的"中国风"，你必多用龙文的图案来点缀你的服饰和室内陈设。那时你简直以一个旧日的帝王自居了。

现在我们仍旧回到历史。究竟哪些古代民族或民族英雄是属于龙族的呢？风姓的伏羲氏，和古代有着人首蛇身神，近代奉伏羲、女娲为傩公、傩母的苗族，不用讲了。与夏同姓的褒国，其先君二龙的故事，我们也引过，这也不成问题。越人"断发文身以像龙子"，又相传为禹后（详后），则与褒同出一源，其为龙族，也不用怀疑。此外还有几个图腾的大团族，可以考见的，分述如下。

1. 夏

夏为龙族，可用下列七事来证明。

（1）传说禹自身是龙。《海内经》注引《归藏·启筮》"鲧死三岁不腐，剖之以吴刀，化为黄龙"，《初学记》二二，《路史·后纪》注一二并引末句作"是用出禹"。禹是龙，所以《列子·黄帝》说夏后氏也是"蛇身人面"。应龙画地成河实即禹疏凿江河，说已详上。

（2）传说多言夏后氏有龙瑞。《史记·封禅书》"夏得木德，青龙止于郊。"《尚书大传》描写禹受禅时的情形，说"于是八风循[①]通，庆云丛聚，蟠龙奋迅于其藏，蛟鱼踊跃于其渊，龟鳖咸出于其穴，迁虞而事夏。"（这大概就是后来的鱼龙漫衍之戏。）龙是水族之长，所以龙王受禅，蛟鱼龟鳖之属都那样欣欢鼓舞。

（3）夏人的器物多以龙为饰。《礼记·明堂位》"有虞氏之旂，夏后氏之绥"，郑注谓"有虞氏当言绥，夏后氏当言旂"，甚确。《周礼·司常》"交龙为旂。"《明堂位》又曰"夏后氏以龙勺"，"夏后氏之龙簨虡"。要晓得原始人器物上的装潢，往往是实用的图腾标记，并无纯粹的审美意义。

[①] "循"原误作"修"。

（4）传说夏后氏诸王多乘龙。《括地图》说禹乘二龙，引见上文。《大荒西经》注引《归藏·郑母经》曰"夏后启筮御飞龙登于天。"《海外西经》《大荒西经》都说启乘两龙，《左传》说帝赐孔甲乘龙，亦均见上文。

（5）夏人的姓和禹的名，其字都与龙有关。刘师培《姒姓释》说"姒""巳"同文，姒姓即巳姓（《左盦集》五）。实则"巳""蛇"古同字，金文龙字多从"巳"，已详上文。"禹"字从"虫"，"虫"与"虫"同。"虫"在《卜辞》里又与"巳"同字，并即虺蛇等字所从出。再则"巳"向来读如"辰巳"之巳，其实现在的"辰巳"之巳字，在金甲文里是"已然"之已字。"已然"之"已"与"禹"双声。声近则义近，所以禹、已都是蛇名。

（6）禹的后裔多属龙族。《史记·夏本纪》曰："禹为姒姓，其后分封，用国为姓……有褒氏……"《越世家》曰："越王勾践，其先禹之苗裔，而夏后帝少康之庶子也。封于会稽，以奉守禹之祀。"褒、越都是龙族，已详上文。又《匈奴列传》曰："匈奴，其先祖夏后氏之苗裔也。"匈奴也是龙族，详下。

（7）禹与伏羲同姓。禹妻涂山氏，《史记·夏本纪》索隐引《世本》曰"涂山氏名女娲"。《淮南子·览冥》有女娲"积芦灰以止淫水"之语，而《墉城集仙录》述涂山氏助禹治水之事甚详。看来《世本》的"娲"字未必是传本之误，当初或许真有此一说。上文节引过《拾遗记》里禹遇伏羲的故事，其详情如下：

禹凿龙关之山——亦谓之龙门——至一空岩，深数十里，幽暗不

伏羲考　71

可复行。禹乃负火而进……见一神，蛇身人面。禹因与语。神即示禹八卦之图，列于金版之上。又有八神侍侧。禹曰："华胥生圣子，是汝耶？"答曰："华胥是九河神女，以生余也。"乃探玉简授禹，长一尺二寸，以合十二时之度，使量度天地。禹即持执此简，以平定水土。蛇身之神即羲皇也。

据此，则禹平水土的方略乃是九河神女华胥的儿子——伏羲传授的。《封禅书》以夏为木德，有青龙之瑞（详上），木德青龙都是伏羲，所以《礼稽命征》曰"禹建寅，宗伏羲。"（《开元占经·龙鱼虫蛇占》引）禹与伏羲，涂山氏与女娲的结合，或许因为两方都出于龙图腾吧？《史记》分明说褒国是禹后，而《潜夫论》又说是伏羲之后。褒国的"褒"本一作"庖"。（《春秋世族谱》，又《路史·国名纪》丁引《盟会图》一作"苞"。）《路史·后纪》一注引《潜夫论》曰"太昊之后有庖国，姒姓"，《国名纪》甲注又引曰："夏封伏羲之后。"《潜夫论》所谓庖国即褒国，毫无问题。但伏羲本是风姓，以"夏封伏羲之后"来解释伏羲之后所以为姒姓，实在牵强得很，其实姒与风本是一姓，禹与伏羲原是一家人。姒姓即巳姓，已详上文。风字从虫，虫与巳在卜辞里是一字。原来古人说风姓或巳姓，译成今语，都是"蛇生的"（"生""姓"古今字）。这里有一个重要的观念，非辨清楚不可。古代所谓姓，其功用只在说明一个人的来历，略等于后世的谱系，有必要时才提到它，并不像现在一开口喊人，就非"王先生""李先生"不可。既然不是常在口头上用的一种称谓，便只要意义对就行，字音毫无关系。譬如我说某人是蛇生的，你说他是长虫生的，我们并不冲突，在第三者听来也绝不会发生任何误会。总之，风与巳（姒）是同义字，伏羲与禹是同姓，所以庖国是姒姓，也是风姓，是禹后，也是伏羲之后了。所谓同姓实即同图腾，知道伏羲的图腾是龙，则禹的图腾是什么也就解决了。

2. 共工

相传共工也是人面蛇身，其证如下：

共工人面蛇身朱发。（《大荒西经》注引《归藏·启筮》）
共工，天神，人面蛇身。（《淮南子·坠形》高注）
西北荒有人焉，人面朱髯（发），蛇身人手足，而食五谷，禽兽顽愚，名曰共工。（《神异经》）

此外又有三个旁证：

（1）共工氏之子曰句龙。《左传·昭公二十九年》蔡墨曰："共工氏有子曰句龙，为后土。"

（2）共工氏之臣人面蛇身。《海外北经》曰："共工之臣曰相柳氏……九首人面蛇身而青。"《大荒北经》曰："共工臣名曰相繇，九首蛇身自环"，郭璞说相繇即相柳。《广雅·释地》曰："北方有民焉，九首蛇身，其名曰相繇。"

（3）共工即雄虺。《天问》"康回冯怒，坠何[①]以东南倾？"王注曰"康回，共工名也"。"康"与"庸"俱从"庚"声，古字通用，故

[①] "何"下原衍"故"字，从《御览》三六，《事类赋》注四引删。

《史记·楚世家》"熊渠……乃立其长子康为句亶王",《索隐》引《世本》"康"作庸,《秦诅楚文》"今楚王熊相康回无道",董逌释作"庸回"。《天问》之"康回"即《尧典》之"庸违"。不过《尧典》那一整段文字似乎从未被读懂过。原文如下:

帝曰:"咨畴[1] 若予采。"
驩兜曰:"都共工方鸠僝(栫)功。"
帝曰:"吁!静言庸违(回),象(漾)恭(洪)滔天。"帝曰:"咨四岳。汤汤洪水方割(害),[2] 怀山襄(囊)陵,浩浩滔天。下民其咨,有能俾乂?"
佥曰:"於!鲧哉"。

《周语》下灵王太子晋说"昔共工氏……壅防百川,堕高堙庳,以害天下,祸乱并兴,共工用灭。其在有虞,有崇伯鲧,播其淫心,称遂共工之过。"《尧典》的话完全可与《周语》相印证。"僝"当读为栫,《说文》曰"以柴木壅水也。""方鸠栫功"即《周语》之"壅防百川"[3]。"象"是"漾"之省,"漾"即"荡"字。"恭"当从"水"作"恭",即"洪"之别体。"滔天"即下文之"浩浩滔天",指洪水。

---

[1] "咨畴"二字原倒,从段玉裁乙正。
[2] "怀"上原衍"荡荡"二字,从臧琳删。
[3] 《广雅·释器》"㥄,浐,栫也。"《天问》问鲧事曰:"佥曰可(原误何)㥄,何不课而行之",㥄即漫字。共工壅水曰栫,鲧壅水曰漫栫,漫栫字异而义同,可以互证。

"潏洪滔天"即《淮南子·本经》所谓"共工振滔洪水，以薄空桑"，《周语》之"害天下"亦指此而言[①]。"庸违"当从《左传·文公十八年》《论衡·恢国》《潜夫论·明暗》《吴志·陆抗传》作"庸回"。但自《左传》以来，都将"庸回"解为"用邪"，《史记·五帝本纪》也译为"用僻"，实在是大错。（向来解释下句"象恭滔天"的各种说法，也极可笑。）实则"庸回"是"潏洪滔天"的主词，正如"共工"是"方鸠桥功"的主词，庸回与共工是一个人。《天问》《招魂》都有"雄虺九首"之语，郝懿行说就是《山海经》"九首蛇身"的相柳，很对。其实共工之臣与共工还是一样，相柳九首，共工也可以九首。"雄虺"与"庸回"声近，"雄虺九首"就是共工。共工人面蛇身，所以又称雄虺。"庸回"是"雄虺"的声假字，"康回"则"庸回"的异文。

3. 祝融

据《郑语》，祝融之后八姓，《世本》（《史记·楚世家》索隐引）及《大戴礼记·帝系姓》，均作六姓。据《郑语》韦昭注，八姓又可归并为五姓。现在对照各说，列表如下：

[①] 徐文靖已疑"滔天"即下文之"浩浩滔天"，但仍未解"象恭"二字。

郑语	世本	帝系姓	楚世家	韦注
巳（昆，吾，苏，顾，温，董）	樊（是为昆吾）	樊（是为昆吾）	昆吾	巳（董为巳之别封）
董（鬷夷，豢龙）				
彭（彭祖，豕韦，诸稽）	籛铿（是为彭祖）	籛（是为彭祖）	彭祖	彭（秃为彭之别封）
秃（舟人）				
妘（邬，郐，路，偪阳）	求言（是为郐人）	莱言（是为云郐人）	会人	妘
曹（邹，莒）	安（是为曹姓）	安（是为曹姓）	曹姓	曹（斟为曹之别封）
斟（无后）	惠连（是为参胡——宋忠注云斟姓）	惠连（是为参胡）	参胡	
芈（夔，越，蛮芈，荆）	季连（是为芈姓）	季连（是为芈姓）	季连	芈

巳姓是龙族（详上），所以巳的别封董姓中有豢龙氏。芈姓的越也是龙族（亦详上），而夔也有说是龙类的。《说文》曰："夔，神魖也，如龙一足。从夂。象有角手人面之形。"《文选·东京赋》薛综注曰："夔，木石之怪。如龙有角，鳞甲光如日月。见则其邑大旱。"小篆"夔"亦从"巳"，与金文"龙"从"巳"同义，所以《尚书》夔龙通称。芈姓又有蛮芈，而荆本在荆蛮。其实古代南方诸族都称蛮，所以夔、越也还是蛮。芈姓四支都是蛮，"芈"也许就是"蛮"之声转。"蛮"字从"虫"，《说文》曰"南蛮蛇种"，尤为芈姓是龙族的确证。巳、芈二姓都是龙族，而出于祝融，则祝融可能也是龙子。"融"

字从"虫",本义当是一种蛇的名字。《东山经》曰:

独山涂末之水,东南流注于沔。其中多鯈蠦,其状如黄蛇,鱼翼,出入有光。见则其邑大旱。

"鯈蠦"郭注曰"条容二音"。金文《邾公钘钟》"陆囏之孙邾公钘",王国维说"陆囏"即"陆终"(《观堂集林》一八《邾公钟跋》),郭沫若说亦即"祝融"(《金文丛考·金文所无考》)。两说都对。其实"亯""享"古同字,"囏"亦可释"竷"。《庄子·外物》"螴蜳不得成",司马彪注曰:"'螴蜳'读曰'忡融'。"囏读曰融,是陆囏即祝融的佳证。但是"囏"所从的"亯"又是古文"埔"字;所以"囏"又可释为"埔",而"祝""鯈"声亦近,"陆囏""祝融"实在都是《山海经》的"鯈蠦"。《郑语》史伯曰:"夫黎为高辛氏火正,以淳(焞)耀敦大天明地德,光照四海,故命之曰'祝融'。"又曰:"祝融亦能昭显天地之光明。""光照四海"与"出入有光"合,火正与"见则其邑大旱"合,祝融即鯈蠦,是没有问题的。祝融即鯈蠦,鯈蠦"见则其邑大旱",夔是祝融之后,所以也是"见则其邑大旱"。祝融是一条火龙,所以又与火山黏合而成为火山的神。

西北海之外,赤水之北,有章尾(炨)山。有神人面蛇身而赤,身长千里[①]。直目正乘,其瞑乃晦,其视乃明。不食,不寝,不息。风

[①] "身长千里"原误作注文四字,从《类聚》七九《楚辞补注》一〇引补。

伏羲考　77

雨是谒。是烛九阴，是谓烛龙。(《大荒北经》)

钟山之神，名曰烛阴。视为昼，瞑为夜，吹为冬，呼为夏。不饮不食，不息，息为风。身长千里……其为物，人面蛇身，赤色，居钟山下。(《海外北经》)

烛龙在雁门北，蔽于委羽之山，不见日。其神人面龙身而无足。(《淮南子·坠形》)

烛龙即祝融，杨宽已讲过(《中国上古史导论》——《古史辨》第七册上编)，那是对的，但说是日神，却不然。《淮南子》分明说"不见日"。"钟""章"一声之转。(《汉书·广川惠王越传》"尊章"注曰："今关中妇呼舅为钟，钟者章声之转。")"尾"当读为"烓"，《说文》"烓，火也。"《洞冥记》曰："东方朔北游钟火山，日月不照，有青龙衔烛，照山四极。"章烓山即钟火山，钟山又是钟火山之省。上揭各书所描写的情形，显然都是由火山的性能附会出来的。但说钟山之神烛龙即祝融，确乎可信。《周语》上内史过曰："昔夏之兴也，融降于崇山。"融即祝融，崇山即钟山，韦昭说是阳城附近的崇(嵩)高山，恐怕不对。《西次三经》又说：

钟山(之神)其子曰鼓，其状如人面而龙身。是与钦䲹杀葆江于昆仑之阳。帝乃戮之钟山之东曰瑶崖。钦䲹化为大鹗。其状如雕而黑文，白首赤喙而虎爪，其音如晨鹄。见则有大兵。鼓亦化为鵕鸟，其状如鸱，赤足而直喙，黄文而白首，其音如鹄。见即其邑大旱。

钟山本在北方，祝融是颛顼的孙子，颛顼是北方之神，所以祝融本当在北方。钟山之神烛龙的儿子——鼓化为鵕鸟，大概即祝融的后裔迁到南方，征服了南方的淮夷而占其地的故事。淮夷是鸟图腾的团族，帝俊之后，所以说"化为鵕鸟"。帝俊即帝喾。《郑语》曰："黎为高辛氏火正"，《楚世家》曰："重黎为帝喾高辛氏居火正，甚有功，能光融天下，帝喾命曰祝融"，大概是同一故事的另一种传说。鼓"见则其邑大旱"与鯈鯆的传说相同。鯈鯆即祝融，鼓是祝融之子，所以传说相同。楚的始祖祝融是赤龙，汉高祖是楚人，所以也是赤龙或赤蛇之精。祝融之子是龙化为鸟，又和《春秋握诚图》所记"刘媪梦赤鸟如龙戏已，生执嘉"（《史记·高祖本纪》正义引）的传说相合。

4. 黄帝

黄帝是龙的问题很简单。

> 轩辕之国……人面蛇身，尾交首上。（《海外西经》）
> 轩辕黄龙体。（《史记·天官书》）
> 中央土也，其帝黄帝，其佐后土……其兽黄龙。（《淮南子·天文》）
> 黄帝得土德，黄龙地螾见。（《史记·封禅书》）
> 黄帝将亡，则黄龙坠。（《开元占经 龙鱼虫蛇占》引《春秋握诚图》）

现在只举黄帝后十二姓中的僖、巳二姓为例，来证明黄帝的别姓也是龙族。

伏羲考 79

（1）《晋语》四司空季子曰："凡黄帝之子二十五宗，其得姓者十四人，为十二姓：姬，酉，祁，巳，滕，箴，任，荀，僖，姞，嬛，依是也。"旧音曰"僖或为釐"。《潜夫论·志氏姓》亦作釐。《鲁语》下仲尼曰"（防风）汪芒氏之君也，守封嵎之山者也，为漆姓。在虞、夏、商为汪芒氏，于周为长狄，今为大人。"《史记·孔子世家》"漆"作"釐"（《说苑·辨物》同），索隐曰："釐音僖。"王引之说"漆"为"来"之误，"来"与"釐"通（《经义述闻》二〇），甚确。据孔子说，防风氏春秋时为"大人"，《大荒北经》曰"有大人之国，釐姓"，这是王说很好的证据。王氏又据《晋语》黄帝之后有僖姓，即釐姓，来证明防风氏是黄帝之后，这说也确。《博物志》二曰"大人国，其人……能乘云而不能走，盖龙类。"《大荒东经》注引《河图玉版》曰："从昆仑山以北九万里，得龙伯国，人长三十丈。"《初学记》一九引《河图龙鱼》作"长三丈"，《列子·汤问》曰："龙伯之国有大人，举足不盈步而暨五山之所，一钓而连六鳌。"龙伯国即大人国，大人国是"龙类"，所以又名龙伯国。黄帝是龙，大人国是黄帝之后，所以也是龙类。

（2）黄帝十二姓中也有巳姓，巳是龙（见上）。黄帝之后的巳姓与祝融之后的巳姓，从图腾的立场看来，还是一姓，因为黄帝、祝融都是龙。

5. 匈奴

匈奴的龙图腾的遗迹，可以下列各点来证明：

（1）每年祭龙三次，名曰"龙祠"。《后汉书·南匈奴传》"匈奴岁有三龙祠。常以正月、五月、九月戊日祭天神。"

（2）举行龙祠时，首领们会议国家大事，名曰"龙会"。《南匈奴传》又曰："单于每龙会议事，（左贤王）师子辄称病不往。"

（3）祭龙的地方名曰"龙城"或"龙庭"。《史记·匈奴传》"五月大会龙城，祭其先、天地、鬼神"（龙城《汉书》作"龙庭"），索隐引崔浩曰："西方胡皆事龙神，故名大会处为龙城。"《文选》班固《封燕然山铭》"蹑冒顿之区落，焚老上之龙庭"，注曰："龙庭，单于祭天所也。"

（4）习俗有"龙忌"。《淮南子·要略》"操合开塞，各有龙忌"，许注："中国以鬼神之事曰忌，北胡南越皆谓'请龙'。"《后汉书·周举传》"太原旧俗，以介子推焚骸，有龙忌之禁。至其亡月，咸言神灵不乐举火，由是士民每冬中辄一月寒食，莫敢烟爨。"晋染胡俗最深，故也有龙忌。《墨子·贵义》"子墨子北之齐，遇日者，日者曰：'帝以今日杀黑龙于北方，而先生之色黑，不可以北。'子墨子不听，遂北至淄水，不遂而反焉。日者曰：'我谓先生不可以北。'子墨子曰：'南之人不得北，北之人不得南，其色有黑者，有白者，何故皆不遂也？且帝以甲乙杀青龙于东方，以丙丁杀赤龙于南方，以庚辛杀白龙于西方，以壬癸杀黑龙于北方，若用子之言，则是禁天下之行者也。'"这大概也是龙忌。刘盼遂说墨翟是北狄种，这里所讲的是匈奴风俗（《燕京新闻》一九三八年十一月十八日）。

（5）自认为龙类。《晏子春秋 谏下》曰："维翟（狄）人与龙蛇比。"《吕氏春秋·介立》"晋文公反，介子推家不肯受赏，自为赋诗曰：'有龙于飞，周遍天下，五蛇从之，为之丞辅。龙反其乡，得其处所，四蛇从之，得其露雨。一蛇羞之，槁死中野。'悬书公门而伏于山下。"称君为龙，臣为蛇，也是胡俗，即所谓"维翟人与龙蛇比。"

伏羲考　81

（互参上条）

（6）人面龙身。《开元占经·客星占六》引郗萌"客星舍匈奴星，人面龙身留十余日不去，胡人内相贼，国家兵起，边人来降。"

由上观之，古代几个主要的华夏和夷狄民族，差不多都是龙图腾的团族，龙在我们历史与文化中的意义，真是太重大了。关于龙可说的话，还多得很，因为限于篇幅，我们只能将《山海经》里所见的人面蛇身或龙身的神（包括上文已讨论的和未讨论的），列一总表于下，以结束本文。请注意表中各神的方位分布。

中	《中山经》(次十)		首山至丙山诸神	皆龙身人面
南	《南山经》(次三)		天吴之山至南禺之山诸神	皆龙身而人面
	《海内经》(南方)		延维	人首蛇身
西	《西山经》(次三)		鼓	人面龙身
	《海外西经》		轩辕	人面蛇身尾交首上
北	《北山经》	（首）	单狐之山至隄山诸神	皆人面蛇身
		（次二）	管涔之山至敦题之山诸神	皆蛇身人面
	《海外北经》又《大荒北经》		烛龙（烛阴）	人面蛇身赤色
	相柳（相繇）		九首人面蛇身自环色青	
	《海内北经》		贰负[①]	人面蛇身
东	《海内东经》		雷神	龙身而人头

---

① 《海内西经》"窫窳者，蛇身人面，贰负臣所杀也"，此"蛇身人面"四字形容贰负，非形容窫窳。《北山经》说窫窳"如牛而赤身人面马足"。《海内南经》说它"龙首"。《尔雅·兽》作猰貐，说是"似貙虎爪"，可见窫窳不是蛇身。

82　西南联大神话通识课

战争与洪水

我们分析多数的洪水遗民故事,发现其中心母题总不外(一)兄妹之父与雷公斗争,(二)雷公发洪水,(三)全人类中唯兄妹二人得救,(四)二人结为夫妇,(五)遗传人类。这些又可归纳为两个主要元素。洪水不过是一种战略或战祸的顶点,所以(一)(二)可归并为(1)战争。兄妹配婚与遗传人类是祖宗崇拜的推源故事,所以(四)(五)可归并为(2)宗教。(三)兄妹从洪水中得救,是(1)与(2)间的连锁。这两个元素恰恰与那说明古代社会的名言"国之大事,在祀与戎"的原则相合。关于(2)项,即祖宗崇拜的宗教,上节已讲得很多了。在本节我们要专门讨论属于(1)项的战争故事了。

我们若要在汉籍中寻找这故事的痕迹,洪水是个好线索。《淮南子·览冥》曰:

……然犹未及虙羲氏之道也。往古之时,四极废,九州裂,天不兼覆,地不周载,火燫焱而不灭,水浩濊而不息,猛兽食颛民,鸷鸟攫老弱。于是女娲炼五色石以补苍天,断鳌足以立四极,杀黑龙以济冀州,积芦灰以止淫水。苍天补,四极正,淫水涸,冀州平,狡虫死,颛民生。

这故事与共工有关,可以由下列几点证明。(一)黑龙即共工,详上文论句龙。(二)"四极废,九州裂,天不兼覆,地不周载",即所谓"天倾西北,地倾东南",其事据《楚辞》《淮南子》,乃是共工触山的结果。《楚辞·天问》曰"康回冯怒,地何以东南倾?"王注曰"康回,共工名也。"《淮南子·原道》曰:"昔共工之力触不周之山,使地东南倾";《天文》篇曰:"昔者共工与颛顼争为帝,怒而触不周之山,天维绝,地柱折,天倾西北,故日月星辰移焉,地倾西南,故水潦尘埃归焉。"(三)所谓"淫水"即洪水,相传为共工所致。《书·尧典》曰:"静言庸违,象(滈)恭(洪)滔天。"庸违,《论衡·恢国》《潜夫论·明暗》作庸回,即《天问》之康回,亦即共工。"滈(同汤)洪滔天"即《淮南子·本经》所谓"共工振滔洪水"。又《周语》下曰:"昔共工氏……壅防百川,堕高堙庳,以害天下",《荀子·成相》曰:"禹有功,抑下鸿(洪),辟除民害逐共工",《史记·律书》曰:"颛顼有共工之陈(阵)以平水害",都暗示洪水与共工有关。《补史记·三皇本纪》直说女娲收拾的残局是共工造成的。

当其(女娲)末年也,诸侯有共工氏,任智刑以强霸而不王,以水乘木，乃与祝融战。不胜而怒，乃头触不周山崩，天柱折，地维缺。女娲乃炼五色石以补天，断鳌足以立四极，聚芦灰以止滔水，以济冀州。于是地平天成，不改旧物。

《路史·后纪》二并说共工是女娲灭的。

太昊氏衰，共工惟始作乱，振滔洪水，以祸天下。隳天网，绝地纪，覆中冀，人不堪命。于是女皇氏（即女娲）役其神力，以与共工氏较，灭共工氏而迁之。然后四极正，冀州宁，地平天成，万民复生。

司马贞将《淮南子·原道》与《天文》篇的共工争帝触山和《览冥》篇的女娲补天治水揉在一起说，罗泌又将《本经》篇的共工振滔洪水和《览冥》篇的女娲故事打成一片，确乎都是很有道理的。

在汉籍中发动洪水者是共工，在苗族传说中是雷公，莫非雷公就是共工吗？我们是否能找到一些旁证来支持这个假设呢？较早的载籍中讲到雷公形状的都说是龙身人头。

《海内东经》"雷泽中有雷神，龙身而人头，鼓其腹则雷。"
《淮南子·坠形》"雷泽有神，龙身人头，鼓其腹而熙。"
共工亦人面蛇身，
《淮南子·坠形》高注"共工，天神，人面蛇身。"
《大荒西经》注引《归藏·启筮》"共工人面蛇身朱发。"

伏羲考　85

《神异经》"西北荒有人焉，人面朱髯，蛇身人手足，而食五谷，禽兽顽愚，名曰共工。"

而其子名曰句龙（见前），其臣亦人面蛇身。

《海外北经》"共工之臣曰相柳氏……九首人面蛇身而青。"

《大荒北经》"共工臣名相繇，九首蛇身自环。"

然则共工的形状实与雷神相似，这可算共工即雷神的一个有力的旁证。古字回与雷通，吴雷（《楚公镈》）一作吴回（《大戴礼记·帝系》《史记·楚世家》《大荒西经》），方雷（《晋语》四）一作方回（《淮南子·俶真》，《后汉书·周磐传》注引《列仙传》，四八目），雷水（《穆天子传》，《水经·河水》注）一作回水（《天问》《汉书·武帝纪·瓠子歌》），是其例。共工，《论衡》《潜夫论》引《尚书》作庸回，《天问》作康回，疑庸回、康回即庸雷、康雷。此说如其可靠，则共工即雷神完全证实了。

共工在历史上的声誉，可算坏极了。他的罪名，除了招致洪水以害天下之外，还有"作乱"和"自贤"两项。前者见《吕氏春秋·荡兵》和《史记·楚世家》，后者见《周书·史记》。在《左传》中则被称"四凶"之一。

少暤氏有不才子，毁信废忠，崇饰恶言，靖谮庸回，服谗蒐慝，以诬盛德。天下之民谓之穷奇。

注家都说穷奇即共工，大概是没有问题的。因此许多有盛德的帝王都会有过诛讨共工的功。帝喾诛灭共工，见《淮南子·原道》和《史记·楚世家》。颛顼战败共工之卿浮游，见《汲冢琐语》。唐氏帝尧伐共工，见《周书·史记》篇。帝舜流共工于幽州见《尚书·尧典》。

禹的功劳尤其多，攻共工，见《大荒西经》，伐共工，见《荀子·议兵》及《秦策》，逐共工，见《荀子·成相》，杀共工之臣相柳或相繇，见《海外北经》及《大荒北经》。此外不要忘记上文已表过的女娲杀黑龙，实即杀共工。苗族传说没有把共工罗织成一个千古罪人。他们的态度较老实，较幼稚，只说兄弟二人因争财产不睦，哥哥一气便发起洪水来淹没弟弟所管领的大地。如故事（10）。他们也不讳言自己的祖先吃了败仗，以致受伤身死，如故事（2）。因此将这仇恨心理坦率地表现在故事（1）中，便说母亲病重，告诉儿子："若得天上雷公的心来吞服，便可痊愈。"总之，汉、苗两派的故事，作风虽不同，态度虽有理智的与感情的分别，但内中都埋藏着一个深沉的、辽远的仇恨，却没有分别。

这次战争之剧烈，看《淮南子》中《览冥》《天文》两篇所述，便可想见。四极废，九州裂，天倾西北，地倾东南，其破坏性之大一至于此。神话期历史上第一有名的涿鹿之战，也许因时期较近，在人们记忆中较为鲜明，若论其规模之大，为祸之惨，似乎还比不上这一次。但洪水部分，我以为必系另一事，它之所以加入这个战争故事，是由于传说的黏合作用。远在那渺茫的神话时期，想来不会有如后来智伯、梁武所用的水战的战术。洪水本身是怎么回事，是另一问题。它的惨痛的经验，在人类记忆中留下很深的痕迹，那是显而易见的。它的被羼入这战争故事，正表示那场战争之激烈，天灾人祸，正以惨烈性的程度相当，而在人类记忆中发生黏合作用。为明了战争在这故事中的重要性高于洪水，我们还可以引另一故事做比较。奉祀槃瓠的瑶畲，虽与奉祀伏羲的苗不同族，但是同系的两个支族，那是不成问题的。而且"槃瓠""伏羲"一声之转，明系出于同源，而两故事中相通之处也很多。这些问题下文还要详细讨论。现在我们要提出的是槃瓠故事中完全没有洪水，而战争却是故事的一个很重要的成分。这也反映出在伏羲故事中，洪水不是包含在战争中的一部分，而是另外一件独立的事实，和战争偶然走碰头了，因而便结了不解之缘。换言之，战争的发生或许在苗和瑶畲未分居的时代，所以在两支传说中都保存着这件事的记忆。洪水则是即分居后苗族独有的经验，所以它只见于苗族传说，而不见于瑶畲传说。

古代民族大都住在水边，所谓洪水似乎即指河水的泛滥。人们对付这洪水的手段，大致可分为三种。（一）最早的办法是"择丘陵而处"，其态度是消极的、逃避的。消极中稍带积极性的是离水太远的高处不便居住，近水的丘陵不够高时，就从较远的高处挖点土来把不够高的填得更高点，这便是所谓"堕高堙庳"。次之（二）是雍防，即筑初步的或正式的堤。后（三）是疏导，堙塞从古以来就有了，疏导的发明最晚，都用不着讨论。雍防的起源却不太早。《穀梁传·僖公九年》载齐桓公葵丘之盟（前651）曰"毋雍泉"，似乎是最早的记载。一百年后，周"灵王二十二年（前550），谷洛斗，将毁王宫，王欲雍之。"（《周语》下）太子晋大大发挥一顿雍防的害处。大概春秋中叶以后，雍防之事已经盛行了。以农业发展与土地开辟的情形推之，"雍泉"之盛于此时，倒是合理。再早便不大可能了。若说神话初产生时，人们便已知道"壅泉"之法，因而便说共工会实行此法，那却很难想象了。

古籍说到共工与洪水的有下列各书：

《书·尧典》"共工方鸠得（祷）功……象（漾）恭（洪）滔天。"
《周语》下"昔共工氏……欲壅防百川，堕高堙庳，以害天下。"
《淮南子·本经》"共工振滔洪水，以薄空桑。"

《尧典》"漾洪滔天"即《淮南子》"振滔洪水"，已详上文。但这是说激动洪水，而没有说到如何激动的方法。"堕高堙庳"假定是共工时代可能的现象，大致没有什么问题。《尧典》"方鸠僝功"之僝应读为桜，《说文》训为"以柴木壅"，此即《周语》所谓"壅防百川"。如果上文我们判断的不错，壅泉之法，至春秋时代才开始盛行，那么传说中共工壅防百川的部分，可能也是春秋时产生的。本来《周语》"共工氏……欲壅防百川"的话就是太子晋口中的，而说到"共工方鸠僝功"的《尧典》，有人说是战国作品，虽未必对，但恐怕最早也不能超过春秋之前。总之，我们相信洪水传说尽可很早，共工发动洪水，尤其以壅防百川的方法来发动洪水，却不必早。共工发动洪水的传说既不能太早，则在颛顼、共工的战争故事中，洪水部分是比较后加的，也就不言而喻了。

伏羲考　89

汉苗的种族关系

上文我们已经证明了伏羲、女娲确是苗族的祖先,我们又疑心那称为伏羲氏的氏族或是西周褒国后裔之南迁者。褒是姒姓国,夏禹之后,然则伏羲氏的族属与夏后氏相近了。伏羲与龙的关系是无可疑的事实。夏与龙的关系,以下面各事证之,似乎也不成问题。

《海内经》注引《归藏·启筮》曰:"鲧死三岁不腐,剖之以吴刀,化为黄龙",《初学记》二二,《路史·后纪》一二注引"化为黄龙"并作"是用出禹"。

《天问》"应龙何画？河海何历？"王注曰"禹治洪水时,有神龙以尾画地,导水所注当决者,因而治之也。"其实助禹治水的龙本即禹自己,后期传说始分为二。

古禹字作禹,从虫(虫)从又(手)执之。虫古虺字,与龙同类。

夏王多乘龙的故事。A.《御览》九六引《括地图》"夏后德盛,二龙降之，禹使范氏御之以行。"(《博物志》八，敦煌旧抄《瑞应图》引《神灵记》略同。)B.《海外西经》"夏后启于此儛九代，乘两龙"，《大荒西经》"有人珥两青蛇，乘两龙，名曰夏后开"，注引《归藏·郑母经》"夏后启筮御飞龙登于天，吉"。C.《左传·昭公二十九年》"帝赐之（孔甲）乘龙，河汉各二"。

《史记·封禅书》"夏得木德，青龙止于郊"，伏羲氏与夏后氏既皆与龙有这样密切的关系，我疑心二者最初同属于一个龙图腾的团族。在后图腾社会变为氏族社会，这团族才分为若干氏族，伏羲氏与夏后氏便是其中之二。既为两个分离的氏族，所以各自有姓，伏羲氏姓风，夏后氏姓姒。褒亦姒姓国，本是龙图腾的支裔，所以也有先君二龙的传说。

汉族所传的共工，相当于苗族所传的雷神，也是上文证明过的。共工既相当于雷神，则共工的对手可能也相当于雷神的对手了。雷神的对手是伏羲。共工的对手，据汉籍所传，有以下各种说法：

1. 帝喾高辛氏

《淮南子·原道》"昔共工……与高辛争为帝。"
《史记·楚世家》"共工氏作乱，帝喾使重黎诛之而不尽。"

2. 颛顼

《淮南子·天文》"昔者共工与颛顼争为帝。"
《淮南子·兵略》"颛顼尝与共工争矣。"

《史记·律书》"颛顼有共工之陈（阵）以平水害。"
《琐语》"昔者共工之卿浮游败于颛顼。"

3. 帝尧陶唐氏

《韩非子·外储说》左上"尧……又举兵而诛共工于幽州之都。"
《周书·史记》"昔有共工自贤……唐氏伐之，共工以亡。"
《大戴记·五帝德》"帝尧……流共工于幽州，以变北狄。"

4. 帝舜

《尚书·尧典》"舜……流共工于幽州。"
《淮南子·本经》"舜之时，共工振滔洪水，以薄空桑。"

5. 禹

《荀子·议兵》"禹伐共工。"（《秦策》同）
《荀子·成相》"禹有功，抑下鸿，辟除民害逐共工。"
《大荒西经》"西北海之外……有禹攻共工之山。"
《海外北经》"共工之臣曰相柳氏……禹杀相柳。"（《大荒北经》作相繇）

除帝喾外，其余各说都可以有法沟通。舜流共工，据《尧典》，本在舜受禅后尧未死前，故共工也可说是尧流的。若依《韩非子》尧禅位于舜，共工以为不平，尧逐流之，则流共工正在唐、虞禅让之际，其负责的人更是两说皆可了。《周书》的看法与韩非同，大概是比较近确的。流共工的事既可以这样看，关于四凶中其余三凶，可以类推。讲到四凶，有一个极有趣的现象，那便是不但如世人所习知的尧（或舜）诛四凶，颛顼与禹似乎也有同样的事迹。试分别证之如下：

1. 三苗《墨子·非攻下》曰：

昔者三苗大乱，天命殛之……高阳乃命禹于玄宫……以征有苗。

然则诛三苗是颛顼的命令，而禹执行之。此外诸书单说禹伐有苗很多，不具举。总之，对诛三苗这事，颛顼和禹都有份儿。

2. 鲧经注引《纪年》曰：

颛顼产伯鲧，是维若阳。

《世本》及《大戴记·帝系》亦皆曰"颛顼产鲧"。《墨子·尚贤中》曰：

昔者伯鲧，帝之元子，废帝之德庸，既乃刑之。

伏羲考　93

伏羲与葫芦

洪水造人故事中的葫芦

在中国西南部（包括湘西、贵州、广西、云南、西康）诸少数民族，和中国台湾及越南与印度中部，都流传着一种兄妹配偶型的洪水遗民再造人类的故事（下简称为洪水造人故事），其母题最典型的形式是：

一个家长（父或兄），家中有一对童男童女（家长的子女或弟妹）。被家长拘禁的仇家（往往是家长的弟兄），因童男女的搭救而逃脱后，发动洪水来向家长报仇，但对童男女，则已预先教以特殊手段，使之免于灾难。洪水退后，人类灭绝，只剩童男女二人，他们便以兄妹（或姊弟）结为夫妇，再造人类。

这是原始智慧的宝藏，原始生活经验的结晶，举凡与民族全体休戚相关，而足以加强他们团结意识的记忆，如人种来源、天灾经验等等，都被象征式地糅合在这里。它的内容是复杂的，包含着多样而错综的主题，因为它的长成是通过了悠久时间的累积。主题中最重要的，无疑是人种来源，次之或许是天灾经验等等。本文便专以人种来源这个主题为研究对象，所有将被讨论的诸问题都以这一点为中心。

一般都称这些故事为"洪水故事"，实有斟酌余地。我们在上文已经提到故事的社会功能和教育意义，是在加强民族团结意识，所以在故事中那意在证实血族纽带的人种来源——即造人传说，实是故事最基本的主题，洪水只是造人事件的特殊环境，所以应居从属地位。依照这观点妥当的名称该是"造人故事"，如果再详细点，称之为"洪水造人故事"，那"洪水"二字也是带有几分限制词的意味的。我疑心普通只注意故事中的洪水部分而忽略了造人部分，是被洪水事件本身的戏剧性所迷误的。其实这纯是我们文明社会的观点，我们知道，原始人类从不为故事而讲故事，他们任何行为都是具有一种实用的目的。

正如造人是整个故事的核心，葫芦又是造人故事的核心。但在讨论故事中作为造人素材的葫芦之前，我们得先谈谈作为避水工具的葫芦。

分析四十九个故事的内容（参看表一），我们发现故事情节与葫芦发生关系的有两处，一是避水工具，一是造人素材。本来在原始传说中，说法愈合理，照例是离原始形态愈远，因此在避水工具中（参看表二），葫芦和与它同类的瓜，我们疑心应该是较早期的说法，其

伏羲考

余如鼓桶臼箱瓮床和舟，说得愈合理，愈是后来陆续修正的结果。这一点交代以后，我们再来研究造人素材（参看表三）。在那第一组（物中藏人，由物变人）的六种不同的形式中，

　　1. 男女从葫芦中出；

　　2. 男女坐瓜花中，结实后，二人包在瓜中；

　　3. 造就人种，放在鼓内；

　　4. 瓜子变男，瓜瓢变女；

　　5. 切瓜成片，瓜片变人；

　　6. 播种瓜子，瓜子变人。

五种属于葫芦和与之同类的瓜，一种是鼓，看来鼓中容人，似比葫芦和瓜更合理，实则它的合理性适足以证明它的讹误性，说不定鼓中藏人种，正是受了那本身也是讹变的"鼓中避水说"的感染而变生的讹变。因此，我们主张在讨论问题时，这一条"造就人种，放在鼓内"，可以除外，要不就权将"鼓"字当作"瓜"字之伪也行。这一点辨明以后，我们可以进而讨论全部造人素材的问题，便是造人素材与葫芦的关系问题。

　　和避水工具一样，关于造人素材的说法，也可分为较怪诞与较平实的两组，前者我们称为第一组，后者称为第二组。第一组的六种形式上文已经列举过，现在再将第二组分作两类列举于下：

　　第一类像物形：1. 像瓜；2. 像鸡卵；3. 磨石仔。

　　第二类不成人形：1. 肉球，肉团（坨），肉块；2. 无手足（腿臂），无头尾，无耳目口鼻（面目）；3. 怪胎；4. 血盆。

第一类的第三项与第二类的第二项，没有严格的界限。有时说到"磨

石仔",又说到"无手足"之类,在这种场合,我们便将它归入"无手足"项下。依上述愈合理,愈失真的原则,我们疑心这第二组内离葫芦愈远,离人形愈近的各种形式,也是后起的合理化的观念形态。而最早的传说只是人种从葫芦中来,或由葫芦变成。八寨黑苗(7),短裙黑苗(8),说童男女自身是从石蛋出来的,生苗或说蛋(15),或说白蛋(17),或说飞蛾蛋(18),暗示最初的传说都认为人类是从自然物变来,而不是人生的。而且蛋与葫芦形状相近,或许蛋生还是葫芦生的变相说法。至于避水工具中的葫芦,也还是抄袭造人素材的葫芦的。可能造人和洪水根本是两个故事,《生苗起源歌》(16,17,18)只讲造人,不提洪水,似乎还保存着传说的原始形态(生苗是一个在演化进程中最落后的民族)。我们疑心造人故事应产生在前,洪水部分是后来黏合上去的,洪水故事中本无葫芦,葫芦是造人故事的有机部分,是在造人故事兼并洪水故事的过程中,葫芦才以它的渡船作用,巧妙地做了缀合两个故事的连锁。总之,没有造人素材的葫芦,便没有避水工具的葫芦,造人的主题是比洪水来得重要,而葫芦则正做了造人故事的核心。

伏羲、女娲与匏瓠的语音关系

以上所论都是纯理论的假设,最后判断当然有待于更多更精密的民俗调查材料。这样的材料,可惜我们目前几乎一点也没有。然而说除了民俗调查材料,目前我们在这题目上,便没有一句话可说,那又不然。

综观以上各例，使我们想到伏羲、女娲莫不就是葫芦的化身。或仿民间故事的术语说，一对葫芦精。于是我注意到伏羲、女娲二名字的意义。我试探的结果，"伏羲""女娲"果然就是葫芦。

"伏"字《易·系辞传下》作"包"，包、鲍音近古通，《易·姤》九五"以杞包瓜"，《释文》引《子夏传》及《正义》"包"并作"鲍"。《泰》九二"包荒，用冯河，不遐遗。"包亦当读为鲍，可证。鲍、瓠《说文》互训，古书抑或通用，今语谓之葫芦。"羲"一作"戏"（《庄子·人间世》《庄子·大宗师》《庄子·田子方》《管子·轻重戊》《荀子·成相》《赵策二》），或作"麜"（《月令·释文》），其本字当即"巚"。《集韵》"巚，虚宜切，音牺，训'瓠，瓢也'。"译为今语则为葫芦瓢。又有㭏、檥、㮯三字，当即"巚"之别体。《广雅·释器》"瓠、蠡、蓡、巚，瓢也。"《一切经音义》十八引作"巚"，音羲。王念孙云，"巚"与"巚"同，即"㭏"字。

《方言》二"蠡，陈、宋、魏之间或谓之簞，或谓之㭏，或谓之瓢。"郭注曰："瓠，勺也，今江东通呼为㭏。㭏音羲。"

《玉篇·木部》"㭏，杓也。"

《一切经音义》十八"江南曰瓢㭏，蜀人言蠡㭏。"

《集韵·五支》"㭏，蠡（蠡）也，或作檥。"

陆羽《茶经》引《神异记》"晋永嘉中，余姚人虞洪，入瀑布山采茗，遇一道士。云，吾丹丘子，祈子他日瓯檥之余，乞相遗也。"（案《茶经》曰："檥，木杓也。"又曰"瓢一曰檥杓，剖瓠为之，或刊木为之。")

《说文·木部》"栖,杓也。"(案《类篇》"栖"通作"榿"。)

伏羲字亦有"羲""戏""希"三形。羲、戏习见,"希"则见《路史·后纪》二注引《风俗通》。(女娲一作"女希",见《初学记》九引《帝王世纪》,及《史记·补三皇本纪》)。我以为"包"与"戏"都是较古的写法。包戏若读为"匏瓤"(榿、橪、栖),即今所谓葫芦瓢。但"戏"古读如"乎",与"匏"音同。若读"包戏"为"匏瓠",其义即为葫芦。既剖的葫芦谓之瓢,未剖的谓之葫芦,古人于二者恐不甚分,看瓠(葫芦)、瓤(瓢)上古音全同便知。女娲之"娲",《大荒西经》注、《汉书·古今人表》注、《列子·黄帝》释文、《广韵》、《集韵》皆音"瓜"。《路史·后纪》二注引《唐文集》称女娲为"炮娲",以音求之,实即匏瓜。包戏与炮娲,匏瓠与匏瓜皆一语之转。(包戏转为伏希,女娲转为女希,亦可见戏、娲二音有可转之道。)然则伏羲与女娲,名虽有二,义实只一。二人本皆谓葫芦的化身,所不同者,仅性别而已。称其阴性的曰"女娲",犹言"女匏瓤""女伏羲"也。

苗族传说以南瓜为伏羲、女娲的第二代。汉族以葫芦(瓜)为伏羲、女娲本身,这类亲与子易位,是神话传说中常见的现象,并不足妨碍苗族的伏羲与伏羲妹即汉族的伏羲、女娲。至于为什么以始祖为葫芦的化身,我想是因为瓜类多子,是子孙繁殖的最妙象征,故取以相比拟。《开元占经》六五《石氏中官占》引《黄帝占》曰"匏瓜星主后宫",又曰:"瓠瓜星明,则……后宫多子孙,星不明,后失势。"同

伏羲考 99

上引《星官制》曰："匏瓜，天瓜也。性内文明而有子，美尽在内。"《大雅·绵》以"绵绵瓜瓞"为"民之初生……"的起兴，用意与此正同。

根据上面的结论，有些零星问题，可以附带地得到解决。

1. 女娲作笙

古代的笙是葫芦做的。《白虎通·礼乐》"瓠曰笙"。苗人亦以葫芦为笙，见刘恂《岭表录异》，朱辅《溪蛮丛笑》。女娲本是葫芦的化身，故相传女娲作笙。《礼记·明堂位》"女娲之笙簧"，注引《世本》曰"女娲作笙簧"。

2. 伏羲以木德王

葫芦是草木之类，伏羲是葫芦的化身，故曰伏羲木德。曹植《庖牺画赞》"木德风姓"，宋均《春秋内事》"伏羲氏以木德王"。《御览》七八引《帝王世纪》"太昊庖牺氏……首德于木，为百王先。"

据上文伏羲与槃瓠诚属二系，然细加分析，两者仍出同源。"槃瓠"名字中有瓠字，而《魏略》等述茧未化生时复有"妇人盛瓠中，覆之以槃"之语，可见瓠亦为此故事母题之一部分。实则槃即剖匏为之，"槃瓠"犹"匏瓠"，仍是一语。是"槃瓠"与"包羲"字异而声义同。在初本系一人为二民族共同之祖，同祖故同姓。旧说伏羲、女娲风姓，而《图书集成·畬民调查记》及《狗皇歌》皆有姓槃之说。风从凡声，古作凡，槃从般古作㿝，亦从凡声，然则风、槃亦一姓也。

卜辞䰜或省鸟形，直作凡。古器物先有匏，而刳木、编织、陶填、铸冶次之。凡横置之作工，⌣象剖匏之形，下有凵为基址。然则风姓、槃姓，其初皆即匏生耳。

表一

流传地域与讲述人	童男	童女	家长	仇家	赠遗	洪水	避水	占婚	造人	采集者
1. 湘西苗人故事（一）湖南凤凰东乡苗人吴文祥述	兄	妹	Ay Pé gy Koy Pé iy	Koy Soy		雷公怒发洪水数十日	兄妹各入黄瓜避水	扔磨石，东西分走	生下肉块，割弃变人	芮逸夫
2. 湘西苗人故事（二）凤凰北乡苗人吴良佐述	儿	女	Koy Peny	Koy Soy		雷公发洪水七日七夜	共入葫芦	金鱼老道撮合		芮逸夫
3. 傩公傩母歌 吴良佐抄	兄(伏羲)	妹	张良	Koy Soy		玉皇上帝发洪水七日七夜	共入葫芦	分走东山，南山烧香，香烟结团	生肉块，割开发现十二童男女	芮逸夫
4. 傩神起源歌 湖南乾县城北乡仙镇营苗人石启贵抄	儿	女	禾壁	禾笙		雷公发洪水七日七夜	兄妹共入仙瓜	扔竹片，扔磨石	生下怪胎，割开变人	芮逸夫
5. 苗人故事	另	姊		另一对男女			入木鼓	滚磨，抛针，抛钱	生子如鸡卵，切碎变人	Savina, F.M.
6. 黑苗洪水歌	弟(A-Zie)			兄(A-Fo)		雷发洪水	弟入葫芦避水	滚磨，扔刀	生子无手足，割弃变人	Clarke, Samuel R.

伏羲考　101

续表

流传地域与讲述人	童男	童女	家长	仇家	赠遗	洪水	避水	占婚	造人	采集者
7. 八寨黑苗传说	兄 妹 邻居		老岩（九蛋中最幼者司地）	雷（九蛋中最长者司天）	雷劝兄妹种葫芦	雷发洪水	入葫芦	结婚	繁衍人类	吴泽霖
8. 短裙黑苗传说	小弟	幼妹		石蛋中出十二弟兄，长兄故害，变成雷公发上天		小弟害死诸兄，雷公发洪水报仇	小弟作法上天	水退下地，与妹相遇结婚	生子无眼，形似如球，切碎变人	吴泽霖
9. 花苗故事	弟	妹	兄	老妇（从天下降）			弟妹入木鼓	扔磨石，扔针线	生子无手足，割弃变人	Hewitt, H.J.
10. 大花苗洪水滔天歌	二兄（智来）	妹（易明）		大兄（愚皇）		安乐世者发洪水	杉舟	滚磨	生三子	杨汉先
11. 大花苗洪水故事	弟	妹	兄				木鼓	滚磨，穿针，雷公命乐世者指示	生子无腿，无臂	
12. 雅雀苗故事	兄（Bu-i, Fu-hsi）	妹（Ku-eh）					入葫芦避水	扔磨石，扔树	生二子无手足，不哭，割弃变人	Clarke

续表

	流传地域与讲述人	童男	童女	家长	仇家	赠遗	洪水	避水	占婚	造人	采集者
13. 生苗故事（一）	贵州	兄	妹			天上老奶种瓜，结瓜王，可容数十人	大雨成灾，洪水灭尽人类	兄妹入瓜，漂浮上天	天上人教二人下来结为夫妇	吃瓜生瓜儿，剖碎变人	陈国钧
14. 生苗故事（二）	贵州	长兄（恩一居地）	妹（明一居地）		次兄（雷一居天）		雷发洪水	乘船漂浮上天（以葫芦盛马蜂蜜蜂）	小虫数二人打伞在山坡相逢，如远来的表亲，遂结为夫妇	生子无四肢，如瓜形，割弃变人	陈国钧
15. 生苗洪水造人歌	贵州	兄（恩一居地）	妹（媚一居地）		次兄（雷一居天）	雷报媚以瓜子，结实如仓大	雷发洪水	乘南瓜漂浮上天	老奶指点	偷吃瓜，被老奶责骂，生子无耳目如瓜，听碎变人	陈国钧
16. 生苗起源歌（一）		兄	妹		雷公（另一飞蛾卵生出）				结婚	生儿无手足，割碎变人	陈国钧
17. 生苗起源歌（二）	贵州	兄——由白蛋出生	妹						结婚	生瓜儿，切碎变人	陈国钧
18. 生苗起源歌（三）	贵州	兄——由飞蛾卵生出	妹						兄妹相爱结婚	生南瓜，听碎变人	陈国钧

伏羲考　103

续表

	流传地域与讲述人	童男	童女	家长	仇家	赠遗	洪水	避水	占婚	造人	采集者
19. 侗人洪水歌	贵州	兄（伏羲）	妹				洪水来时	将造就的人种放在鼓内			
20. 苗人谱本	广西北部	兄（张良一作姜良）	妹（张妹一作姜妹）	卷氏夫人（生七子女）	雷公雷母	雷公赠仙瓜子	铁雨成灰	兄妹入葫芦避水	太白仙人、金龟老道撮合	生肉坨（团），割碎变人	徐松石
21. 偏苗洪水横流歌	广西西隆	兄（伏羲）	妹				洪水	将造就的人种放在鼓内			雷雨
22. 瑶人融县罗城洪水故事	广西融县罗城	儿（伏羲）	女	父	雷公	雷公赠牙种成葫芦	天发洪水	兄妹入葫芦避水	绕树相造	生肉球，割碎变人	常任侠
23. 葫芦晓歌		伏羲					黄卯二年发洪水	入葫芦避水			常任侠
24. 瑶人故事	广西武宣、修仁之间	子		神人		赠牙种而生弧，破弧裂为圆船	洪水	神人率子人坐铁镬浮至天门			常任侠
25. 板瑶五合歌	广西三江	兄（伏羲）	妹				黄卯二年发洪水	兄妹入葫芦避水	烧香礼拜，结为夫妇	置人民	乐嗣炳
26. 板瑶盘王歌	广西象县	兄（伏羲）	妹				洪水七日七夜	入葫芦避水	金龟撮合	生"团乙"	

续表

	流传地域与讲述人	童男	童女	家长	仇家	赠遗	洪水	避水	占婚	造人	采集者
27. 侬瑶盘瑶盘王书中洪水歌	广西都安	兄(伏羲)	妹	蒋家			洪水七日七夜	入葫芦避水	烟火	生血盆，王女分之为三十六姓	
28. 盘瑶故事	镇边盘瑶盘有贵述	兄(伏羲)						入瓢瓜避水	滚磨石、烧烟火、看竹枝	散出瓜子瓜瓢，瓜子变男，瓜瓢变女	
29. 盘瑶故事	灌阳布坪乡	男孩	女孩	盘王		盘王打落牙齿，种牙变瓜	下雨三年六个月	盘王将瓜穿眼，命小孩坐入	生磨石仔，盘王切碎变人		
30. 红瑶故事	广西龙胜三百坤红瑶张老老述	兄(姜良)	妹(姜妹)	姜氏大婆(生子女六人或说七人)	雷公雷婆	雷公雷婆赠白瓜子	大雨成灾	兄妹坐入瓜，花结实，二人包在瓜内	看烟柱、种竹、滚磨、绕山走	继续人种	徐松石
31. 东陇瑶故事	上林东陇瑶蓝年述	伏羲		父别母别		雷公赠牙	大雨成灾	乘瓜上浮		生磨石仔，头无尾，切碎变猴变再变人	陈志良
32. 蓝靛瑶故事	田西蓝靛瑶李秀文述				闪电仙人	仙人赠瓜子	大雨成灾	入瓢瓜避水	烧烟火、种竹、滚磨	生子，无手无尾，切碎头尾，切碎再变人	陈志良

伏羲考　105

续表

流传地域与讲述人	童男	童女	家长	仇家	赠遗	洪水	避水	占婚	造人	采集者
33. 背笼瑶故事 凌云背笼瑶腊承良述	兄（伏Lin）	妹（羲Cein）				久雨成灾	入瓢内避水	滚磨	生肉团，无手足面目，切碎变人	陈志良
34. 背笼瑶遗传歌 腊承良译	兄（伏羲）	妹			自种瓢瓜，结实如仓大	皇天降大雨	入瓜内避水	结为夫妇	生磨石儿，割碎变人	陈志良
35. 蚕瑶故事 广西东兰蚕瑶侯玉宽述	兄（伏dn）	妹（羲ce）				久雨成灾	入大瓮避水	烧烟火，滚磨石	生子，无手足面目	陈志良
36. 独侯瑶故事 都安独侯瑶蒙振杉述	兄（伏羲）	妹		雷王（居地下）	雷王赠牙	雷电大雨成灾	入瓢瓜避水		生磨石儿，劈碎变人	陈志良
37. 西山瑶故事 隆山西山瑶袁秀林述	特门（伏羲）	豉豆	卜白（居天上，司雷雨）			雷王下雨发洪水	入葫芦避水	烧烟火	生耳目口鼻，如磨石，切碎变人	陈志良
38. 侬人故事 都安侬人韦武夫述				仙人	仙人赠牙作船，发作桨					陈志良

续表

	流传地域与讲述人	童男	童女	家长	仇家	赠遗	洪水	避水	占婚	造人	采集者
39. 猓猡故事	云南寻甸凤仪乡黑夷李忠成	弟	妹		两兄		洪水发时	弟妹入木箱上浮			Vial, Paul
40. 夷人故事	宣威普乡白夷田靖邦述	三弟	美女			白发老人教造木桶	洪水发时	入桶避水	尊老人命与女结婚	生三子，是为乾夷、黑夷、汉人之祖	马学良
41. 汉河猓猡故事	红河上游汉河丙冒寨夷人白成章述						洪水发中，人类灭绝	葫芦从天降下，一男一女从中而出			邢庆兰
42. 老亢故事	云南西南辽耿马土司地蚌隆寨	兄	妹				洪水发时	兄妹同入木床避水	结婚	生子砍碎变人	芮逸夫
43. 栗栗故事	耿马土司地大平石头寨	兄	妹				洪水发时	兄妹同入葫芦避水	结婚	生七子	芮逸夫

伏羲考　107

续表

流传地域与讲述人	童男	童女	家长	仇家	赠遗	洪水	避水	占婚	造人	采集者
44. 大凉山俚倮人祖传说（一）	西康宁族夷族 乔姆石奇（Gomzazi）盐源一带称陶姆石（Domzanyo）	天女	天公			天公发洪水，毁灭人类	石奇作桐木舟避水	青蛙设计，要求天女与石奇结婚	生三子	庄学本
45. 大凉山俚倮人祖传说（二）		兄（乔姆石奇）	妹（天宫仙女）				洪水泛滥	石奇乘桐木舟得救	经众动物设法，将妹请下滚磨成婚		庄学本
46. 东京蛮族故事		兄（Phu-Hay）	妹（Phu-Hay-Mui）	Chang Lô-Cô		洪水泛滥	兄妹同入南瓜避水	结婚	生南瓜，剖瓜得子，播种变人	deLajon-quiere, Lunet
47. 巴那(Ba-hnars)故事	交趾支那	兄	妹			洪水泛滥	入木箱避水	结婚		Guerlack
48. 阿眉(Ami)故事	中国台湾	兄	妹			洪水泛滥	入木臼避水	结婚	生子，传人类	Lshii, Shinji
49. 比尔(Bhils)故事	印度中部	兄	妹			洪水泛滥	入木箱避水	结婚	生七男七女	Luard, C.E.

表二

避水工具	故事号数	总计	
葫芦（瓠 瓢瓜）	2, 3, 6, 7, 12, 20, 24, 25, 26, 27, 28, 32, 33, 36, 37, 41, 43	17	自然物 57.2%
瓜（仙瓜 黄瓜 南瓜）	1, 4, 13, 15, 29, 30, 31, 34, 46	9	
鼓（木鼓）	5, 9, 11, 19, 21, 22, 23	7	人造器具 41.8%
瓮	25	1	
木桶 木臼 箱	39, 40, 47, 48, 49	5	
床	42	1	
舟（桐舟 杉舟）	10, 14, 38, 44, 45	5	

表三

	造人素材		故事号数	总计	
第一组	物中藏人	葫芦 男女从葫芦中出	41	1	4
		瓜 男女坐瓜花中结实后	30	1	
		二人包在瓜中			
		鼓 造就人类放在鼓内	19, 21	2	
	物变人 瓜	瓜子变男瓜瓢变女	28	1	1
	人生物物再变人 瓜	切瓜成片瓜片变人	13, 18, 42	3	4
		播种瓜子瓜子变人	46	1	
第二组	割碎始变成人	像物形 像瓜	8, 14, 15, 16	4	
		像鸡卵	5	1	
		磨石什	29, 31, 36	3	
	生子像物或不成人形	不成人形 肉球肉团（坨）肉块	1, 3, 20, 36, 33	5	24
		无手足（腿臂）无头尾无耳目口鼻（面目）	6, 9, 11, 12, 16, 31, 32, 35, 37	9	
		怪胎	4	1	
		血盆	27	1	

伏羲考　109

第三讲

司命考

闻一多

从《大司命》"逾空桑兮从女"一语，
我们猜司命就是帝颛顼之佐，玄冥。
……在天上既有星代表着颛顼，
可能也就有星代表着作为颛顼之佐的玄冥。
这星有是有的，不过它不是以玄冥的名字出现，
而是以司命的名字出现的。

从空桑说起

从《大司命》"逾空桑兮从女"一语,我们猜司命就是帝颛顼之佐,玄冥。

考颛顼的统治地区是空桑。《吕氏春秋·古乐》"帝颛顼生自若水,实处空桑",这是明证。又《淮南子·本经》"共工振滔洪水,以薄空桑",和《史记·律书》"颛顼有共工之陈(阵)以平水害",所讲的都是颛顼与共工争帝的故事,《淮南子》所谓薄空桑即伐颛顼,因为空桑是颛顼的居地。空桑一作穷桑,《路史·后纪》八引《尚书大传》"穷桑,颛帝所居",玄冥是颛顼之佐,所以他的居地也是空桑或穷桑。《左传·昭公二十九年》蔡墨曰:"修及熙为玄冥,世不失职,遂济穷桑",《九叹·远逝》"考玄冥于空桑",这些又是玄冥居空桑的确证。歌曰"逾空桑兮从女",又曰"导帝之兮九坑"。我们疑心司命即玄冥,所导之帝即帝颛顼。

司命考　113

虚北二星

《史记·天官书》曰:"北宫玄武:虚,危",这是五行说应用到天文学上,将虚危二星派作北方帝的分星。虚既是北方帝的分星,而北方帝是颛顼,所以虚又名颛顼之虚。(《尔雅·释天》"颛顼之虚,虚也。")但我们猜想,在天上既有星代表着颛顼,可能也就有星代表着作为颛顼之佐的玄冥。经过研究,我们才知道,这星有是有的,不过它不是以玄冥的名字出现,而是以司命的名字出现的。《月令》疏引熊氏转引石氏《星经》,和《开元占经·甘氏中官占》引甘氏《星经》都说"司命二星在虚北",这靠近虚,即靠近颛顼的司命二星,无疑就是玄冥。

虚北的司命二星和另外的司禄二星、司危二星、司非二星，共总称为四司。《开元占经·甘氏中宫占》引《甘氏赞》曰："四司续功，桑麻襄陆"，四司的桑麻和《大司命》的"折疏麻兮瑶华"，应该是一回事，虽则关于司命与麻的关系的详情，我们还没获得充分的资料来予以说明。

冬与阴阳

五行系统中,北方帝主冬,《淮南子·天文》"北方,水也,其帝颛顼,其佐玄冥,执权而治冬"。冬的特征,据《月令》仲冬之月,说是"日短至,阴阳争,诸生荡。"所以"君子斋戒,处必身,身欲宁……以待阴阳之所定。"这是说:冬至后,时而阴盛,时而阳盛,动荡不定,所以要"待阴阳之所定"。《大司命》的"一阴兮一阳"是以冬日的时阴时晴、变化无常,来象征阴阳二气动荡不定的状态。他说这现象是他"所为"的,正因为他是颛顼之佐,而颛顼是治冬的。

因为颛顼所主治的节季是冬,地区是属于虚星的分野的北方,所以虚星和冬,在五行家的概念中便发生了联系。《史记·律书》"虚者,能实能虚,言阳气冬则宛藏于虚,日冬至,则一阳下藏,一阴上舒,故曰虚。"这样解释虚字的意义是否正确,是另一问题,但以阴阳变化来说明颛顼的星名,虚字的含义,这和佐颛顼的大司命(玄冥)自称其行为为"一阴兮一阳",倒是十分吻合的。

由空桑到九冈

《大司命》曰"逾空桑兮从女",又曰"导帝之兮九坑",旧校引《文苑》,坑作冈,冈是正字。空桑与九冈都是山名。这两座山究竟在哪里呢?

古代地名叫空桑的不只一处,但最初颛顼所统治的空桑当在北方。《北山经》"空桑之山,无草木,冬夏有雪,空桑之水出焉,东流注于虖沱",郝懿行说它当在赵代间,大概是对的。我们以为颛顼所居的就是这个空桑。

《左传·昭公十一年》"楚子灭蔡,用隐大子于冈山",冈山,杜预《释例》只说它"必是楚地山",而不能确指其地处。我们以为就是九冈山,王逸《机赋》"逾五岭,越九冈",《古今图书集成》,《方舆汇编》,《职方典》,《荆州府部》,《山川考》二之五,松滋县(今松滋市)"九冈山,去县治九十里,秀色如黛,蜿蜒虬曲"。《舆地□□》

"荆州松滋县有九冈山，郢都之望也。"我们猜想楚祖颛顼的庙就在这山上，所以他们灭了敌国之后，就到这里来，用那隆重的人祭典礼，告庙献俘。本篇的九冈就是《左传》的冈山，"导帝之兮九冈"，帝即颛顼，前面已经证明过。

近代学者们早就疑心楚人是从北方迁徙到南方来的。大司命"逾（越了）空桑"之后，又"导帝之兮九冈"，这不只反映了颛顼的族人由北而南的移殖的事实，而且明确指出了那趟路程。

第四讲

高唐神女传说之分析

闻一多

涂山氏与高唐神女，家世一样，行为一样，
在各自的民族里，同是人类的第一位母亲，
同是主管婚姻与胤嗣的神道，并且无论漂流到哪里，
总会碰到一起，其间必有缘故。

候人诗释义

要想明白这位神女的底蕴,唯一的捷径恐怕还是从一个较迂远的距离——《诗经·曹风》的《候人》篇出发。从《候人》诗到《高唐赋》是一个大弯子,然而这趟路程无法缩短。

《候人》是怎么一回事呢?《序》曰:"刺近小人也,共公远君子而近小人焉。"朱子说:"此诗但以'三百赤芾'合于左氏所记晋侯入曹之事,序遂以为共公,未知然否。"这句"未知然否"太客气了。我认为不但共公与诗无关,连那所谓"近小人"也是谎话。"远君子"则又是谎话中的废话。一个少女派人去迎接她的恋人,没有迎着。诗中大意如此而已。若要模仿作序者的腔调,我们便应当说"《候人》刺淫女也",理由可以分作三点来陈述。

《候人》三章曰:

维鹈在梁，不濡其味——彼其之子，不遂其媾。

在《国风》里男女间往往用鱼来比喻他或她的对方。例如：

岂其食鱼，必河之鲂？岂其取妻，必齐之姜？（《陈风·衡门》）

是以鱼比女人。又如：

鱼网之设，鸿则离之——燕婉之求，得此戚施。（《邶风·新台》）
九罭之鱼鳟鲂——我觏之子，衮衣绣裳。（《豳风·九罭》）
敝笱在梁，其鱼鲂鳏——齐子归止，其从如云。（《齐风·敝笱》）
鲂鱼赪尾，王室如燬。（《周南·汝坟》）

全是以鱼比男人。此外若：

籊籊竹竿，以钓于淇——岂不尔思？远莫致之。（《卫风·竹竿》）
其钓维何？维丝伊缗——齐侯之子，平王之孙。（《召南·何彼襛矣》）

虽不露出鱼字，而意中皆有鱼。《候人》的"维鹈在梁，不濡其味"，正属于这一例。鹈即鹈鹕，是一种捕鱼的鸟[①]。鹈在梁上，不濡其味，

[①] 陆疏："鹈，水鸟，形如鸮，极大，喙长尺余，直而广。口中正赤，颔下胡大如数升囊。若小泽中有鱼，便群共抒水满其胡而弃之，令水竭尽，鱼在陆地，乃共食之，故曰淘河。"

当然没有捕着鱼。诗的意思是以鹈不得鱼比女子没得着男人,所以下文说:"彼其之子,不遂其媾。"

《候人》四章曰:

荟兮蔚兮,南山朝隮——婉兮娈兮,季女斯饥。

朝隮是后话。目前我们要检验的是这"饥"字。解诗者因为昧于古人的语言中照样的也有成语,往往把一句诗照字面硬讲,因而闹出笑话来,这里的"季女斯饥"便是一个例。说遇着荒年,最遭殃的莫过于少女,因为女弱于男,禁不起挨饿,而少女尤甚。天下有这样奥妙的道理吗?其实称男女大欲不遂为"朝饥",或简称"饥",是古代的成语。在《国风》称"朝饥"的有

未见君子,惄如调饥。(《周南·汝坟》)

"惄如"当读为"惄然","调饥"即"朝饥"。下文曰"鲂鱼赪尾",鱼是比男子的,前面讲过了。《左传·哀公十七年》"卫侯贞卜其繇曰:'如鱼窥尾,衡流而方羊'",疏引郑众说曰:"鱼肥[1]则尾赤,方羊游戏,喻卫侯淫纵。"拿郑众解《左传》的话来和《汝坟》相参证,则朝饥的饥自然指情欲,不指腹欲。称"饥"的则有:

---

[1] 本疏引作"鱼劳则尾赤",《诗·汝坟》疏引作"鱼肥则尾赤"。刘文淇、李贻德并云劳字误,当作肥,今据改。

高唐神女传说之分析　123

泌之洋洋，可以乐饥。(《陈风·衡门》)

乐郑作瘵，鲁韩并作疗。下文曰"岂其食鱼，必河之鲂？岂其娶妻，必齐之姜？"洋洋的泌水，其中多鱼，故可以疗饥。但下文又以食鱼比娶妻，则疗饥的真谛还是以疗情欲的饥为妥。既以"饥"或"朝饥"代表情欲未遂，则说到遂欲的行为，他们所用的术语，自然是对"饥"言之则曰"食"，对"朝饥"言之则曰"朝食"了。称"朝食"的例如：

乘我乘驹，朝食于株。(《陈风·株林》)

这诗的本事是灵公淫于夏姬，古今无异说。我以为"朝食"二字即指通淫。《楚辞·天问》里有很好的证据。屈原问禹娶涂山氏曰：

禹之力献功，降省下土四方，焉得彼涂山女，而通之于台桑？闵妃匹合，厥身是继，胡维嗜不同味，而快鼌饱？

饱与继不押韵，当为饲之误。朝、鼌古今字，饲与食通，鼌饲即朝食。上文曰"通之于台桑"，下文曰"快朝食"，语气一贯。王逸注曰："何特与众人同嗜欲，苟欲饱快一朝之情乎？"虽据误字为说，但不曰饱腹而曰饱情，却抓着屈原的意思了。屈原用"朝食"二字，意指通淫，则诗中"朝食"的意义可以类推了。正如朝饥可省为饥，朝食也可省为食。

彼狡童兮，不与我食兮，维子之故，使我不能息兮。(《郑风·狡童》)

息即《葛生》"予美亡此，谁与独息"，《北山》"或息偃在床"之息，所以"不能息"与一章的"不能餐"对举。"不能息"既是不能寝息，则上文"不与我食"便非认为一种隐语不可了。食字的这种用法到汉朝还流行着。

《汉书·外戚传》"房与官对食"，注载应劭说曰："宫人自相与为夫妇名对食。"

这是古人称性交为食的铁证。因而我想把男女的私事很天真地放在口头上讲，只有六朝乐府在这一点上，还保存着古风，所以《子夜歌》：

谁能思不歌？谁能饥不食？日冥当户倚，惆怅底不忆？

的"饥""食"似乎也含有某种特殊意义，可与《诗经》《楚辞》《汉书》互证。总之，《候人》"季女斯饥"之"饥"，由上面各证例看来，当指情欲之饥，是无可疑的。

再把《诗经》中称"鱼"与称"饥"的例合起来看，《汝坟》曰"惄如朝饥"，又曰"鲂鱼赪尾"，《衡门》曰"可以乐饥"，又曰"岂其食鱼"。鱼既是男女互称其配偶的比喻，则为鱼而饥即等于为配偶而饥。试想这饥字若果指口腹之欲而言，那不吓坏人吗？不必追究

高唐神女传说之分析

了。这已经太不成话了。要紧的是记住《候人》也是提到"饥",又变相地提到"鱼"的,因此那"饥"字也是断断不容有第二种解释的。

以上将本篇中鹈不得鱼的比喻及饥字的含义说明了,意在证明《候人》的曹女是在青春的成熟期中,为一种迫切的要求所驱使,不能自禁,因而犯着伦教的严限,派人去迎候了她所不当迎候的人。这从某种观点看来,是不妨称为淫女的。这是第一点。

《鄘风·蝃蝀》《毛序》说是"刺奔女"。《诗》曰:"朝隮于西,崇朝其雨",这与《候人》的"荟兮蔚兮,南山朝隮"原是一回事,理由看下文自明。《蝃蝀》又曰:"乃如之人兮,怀昏姻也,大无信也,不知命也。"《候人》曰:"婉兮娈兮,季女斯饥。""怀昏姻"犹之乎《野有死麕》的"怀春",也与上文所解的"饥"字义相合。由以上两点可以决定《候人》与《蝃蝀》二诗性质大致相同。因而《蝃蝀》的女子是奔女,《候人》的女子也必与她同类了。这是第二点。

《吕氏春秋·音初》曰:

禹行功,见涂山之女。禹未之遇而巡省南土。涂山氏之女乃命其妾候禹于涂山之阳,女乃作歌,歌曰"候人兮猗!"实始作为南音。

《楚辞·天问》述这故事颇有微词。原文上面已经引过。为对照的便利计,我们再录一遍。

禹之力献功,降省下土四方,焉得彼涂山女,而通之于台桑?闵妃匹合,厥身是继,胡维嗜不同味,而快鼌饱(饲)?

曰"通"曰"鼌饲"，都是带褒贬的字眼，这是上文已经证明过的。就全段文字的语气看，屈原的意思也是说禹与涂山氏的结合不大正经。这意见虽不合于传统观念中那位圣王的身份，但并不足怪，因为屈原是生在许多传统观念尚未凝固以前。《吕氏春秋·当务》曰："尧有不慈之名，舜有不孝之行，禹有淫湎之意，汤、武有放杀之事。"《庄子·盗跖》曰："尧不慈，舜不孝，禹偏枯，汤放其主，武王伐纣。"马叙伦说"偏枯"是"淫湎"之误，是很对的[1]。《吕览》《庄子》与屈原的态度一致，确乎代表一部分较老实的、不负托古改制的使命的先秦人对于古事的观念。但是据《音初》篇，本是涂山氏追求禹，所以我想淫湎的罪名与其加在禹身上，不如加在涂山氏身上较为公允。明白了这一点，则《音初》篇所载的古《候人歌》和《曹风·候人》间的关系便很显著了。曹女因"饥"而候一个人，涂山氏为"快鼌饲"而候禹，候人的动机同，此其一。曹女派"三百赤芾"的"候人"去候他的男子，涂山氏令其妾去候禹，候的方法也同，此其二。曹女与涂山氏的情事如此地肖似，所以诗人即用旧传《候人歌》的典故来咏曹女。以古《候人歌》证曹《候人》诗。涂山氏的行为既有招物议的余地，则曹女的行为可以想见了。这是第三点。

以上用《候人》的本文，《鄘风·蝃蝀》，以及古《候人歌》的本事，分别地将《曹风·候人》的性质阐明了。现在我们才可以拿它和《高唐赋》比较。

---

[1] 《庄子义证》卷二九。

候人诗与高唐赋

《文选》江文通《杂体诗》注引《宋玉集》曰：

楚襄王与宋玉游于云梦之野。望朝云之馆，有气焉，须臾之间，变化无穷，王问是何气也。玉对曰："昔先王游于高唐，怠而昼寝，梦见一妇人，自云：'我帝之季女，名曰瑶姬，未行而亡，封于巫山之台。闻王来游，愿荐枕席。'王因幸之。去乃言：'妾在巫山之阳，高邱之岨，旦为朝云，暮为行雨，朝朝暮暮，阳台之下。'旦而视之，果如其言。为之立馆，名曰朝云。"

这是《宋玉集》中的《高唐赋》所叙的情节，比《文选》上载的《高唐赋》较详（参见文末补注一）。拿这和《候人》诗相较，消息相通之处很多。举其荦荦大者:(一)诗曰季女,赋亦曰季女[①]。(二)诗曰"季女斯饥",赋曰"愿荐枕席"。(三)诗曰朝隮,赋曰朝云,而《传》《笺》皆训隮为云,则朝隮即朝云。(四)诗的朝隮在南山,赋的朝云在巫山。(五)据《蝃蝀》"朝隮于西,崇朝其雨",知《候人》的朝隮也能致雨[②];诗之朝隮既能致雨,则赋曰:"朝为行云,暮为行雨",亦与诗合。诗与赋相通之处这样多,我的解释如此。《候人》的"朝隮"与下文"季女",是一而二,二而一,犹之乎《高唐赋》的朝云便是帝之季女;南山朝隮与巫山朝云都是神话的人物,赋中"须臾之间变化无穷"的朝云是一个女子的化身,诗中"荟兮蔚兮"[③]的朝隮也是一个女子的化身。因此《候人》末章四句全是用典,用一个古代神话的典故来咏那曹女。唯其是用典,所以乍看不大容易摸着头绪。但是,因为朝隮与朝云两个神话本是一个(起码也有着共同的来源),所以诗意义若嫌朦胧,拿赋来比照一下,便立刻明朗了,反之,赋中若有了疑滞,也可借诗来解决。

[①] 《召南·采蘋》"谁其尸之,有齐季女",传曰:"古之将嫁女者,必先礼之于宗室。"《小雅·车舝》曰:"思娈季女逝兮",又曰:"觏尔新昏,以慰我心",《候人》曰:"彼其之子,不遂其媾",又曰"季女斯饥"。凡《诗》言季女皆将嫁而未嫁之女。赋:"我帝季女,未行而亡",行亦嫁也。是赋之季女与《诗》之季女,不唯字面相同,义亦相应也。

[②] 《易林·履之恒》曰:"潼滃蔚荟,肤寸来会,津液下降,流潦滂霈",此据《候人》诗为说,可证汉人亦以《候人》之朝隮即《蝃蝀》"崇朝其雨"之朝隮。

[③] 荟之言绘也,《说文》曰:"桧,会五采绣也。"蔚者,《易·象传》曰:"其文蔚也",《汉书·叙传》下注曰蔚,文盛采也。荟蔚联绵词,故二字一义。《诗》以荟蔚形容朝隮,犹《神女赋》形容朝云曰"晔兮如华,温乎如莹,五色并驰,不可殚形"也。传释荟蔚为云兴貌,失之笼统。

高唐神女传说之分析 129

总之，朝陼与朝云的关系非常密切，密切到几乎融为一体，下面还有更详细的论证。

释陑

《蝃蝀》《候人》两诗及《高唐赋》所提到的，有蝃蝀，有陑，有气，有云。这些名词不能不加以剖析。蝃蝀即虹，虹又名蜺，这是我们早晓得的。但古人每以"云蜺"连称，如《孟子·梁惠王下》"如大旱之望云霓"，《离骚》"帅云霓而来御"，"扬云霓之晻蔼兮"（霓与蜺同），可知他们认为云蜺是一物了。古人又以"虹气""云气"连称，如《蝃蝀》传"夫妇过礼则虹气盛"，《文选·高唐赋》"其上独有云气"及《庄子·逍遥游》"乘云气，负青天"，则对于虹与云与气之间，他们都不加区别了[1]。蝃蝀（虹）云气的问题已经解决了。然则陎是什么呢？有以为陎是气的：

《蝃蝀》传曰："陎，升〔气〕[2]也。"笺曰："朝有升气于西方。"
《周礼·眡祲》先郑注曰："陎，升气也。"
《古微书》引《春秋感精符》宋均注曰："陎谓晕气也。"

有以为是云的：

《候人》传曰："陎，升云也。"笺曰："荟蔚之小云升于南山。"李氏《易传》二引《需卦》荀爽注曰："云上升极则降而为雨，故《诗》

---

[1] 古籍中有谓霓为云者：
《楚辞·天问》注"霓，云之有色似龙者也。"
有谓虹为气者：
《古微书》引《尚书·璇机钤》"日旁气白者为虹"，《后汉书·郎顗传》"凡日旁气色白而纯者名为虹"。
有谓霓为气者：
《汉书·五行志》下之上"蜺，日旁气也"；《文选·东京赋》薛注"霓，天边气也。"
有谓虹霓为气者：
《太平御览》一四引《河图·稽耀钩》"虹霓者气也，起在日侧，其色青赤白黄"，《列子·天瑞》"虹蜺也，积气之存乎天者也。"
其以云为气者，尤数见不鲜，略举数例：
《说文》"云，山川气也"，"气，云气也"；《论衡·艺增》"山气为云"；《素问·阴阳应象大论》"地气上为云"。
以上皆魏晋以前人之说，亦古人虹霓云气不分之确证。又《说文》氛之重文作雰（从云省，许云从雨，非是），尤为云气不分之明验。

[2] 原作"陎，升也"，脱气字，据郑笺及诸书补。

云'朝隮于西,崇朝其雨。'"

又有以为是虹的:

《周礼·眡祲》后郑注曰:"隮,虹也。"

隮可训气,可训云,又可训虹,这在一方面坐实了我前面所说的虹、云、气古人不分,在另一方面又证明了虹、云、气与隮原来也是互相通用的名词。

但是为什么叫"隮"呢?是因为隮之本义为升,而云气能上升,故称云气为隮吗?然而云气可曰升,虹亦可曰升吗?何以古人又称虹为隮呢?我以为诸家中,只有后郑训《周礼》的隮为虹,宋均训《春秋感精符》的隮为晕气,是恰当的,其余或曰升气,或曰升云,都不免望文生义。原来这隮字是个假借字,所以它的意义和训升的隮绝对无关。何以知其然呢?《周礼》故书隮作資。作資,我想确乎比作隮近古些。因为資字从次,次字则无论在形或义上都可以与虹云气连贯得上,隮字便毫无这样的可能了。

《说文》次之古文作𣐺。朱骏声曰:"本为茨之古文,象茅盖屋次第之形。"案𣐺确当为茨之古文,但字似当作𣐺,上半的艹是艸的讹变。茨、盖义同①,古玺文"盖遂"字作𣐺②,从𣐺,似即茨之古文𣐺

---

① 《说文》"茨,以茅苇盖也",《释名·释宫室》"屋以草盖曰茨"。
② 《说文古籀补》。

的微变。古文茨作𦕣，则古文次必有作🔲的了①。🔲正象虹蜺的采色相比次之形，所以古人便称虹为次。《周礼》故书写作资还不失命名之义，其他诸书均作陊，声虽没变，形义可远了去了。

再看次字的结体：

𣲷卜辞② 𠂉次炉王子婴🔲（反文）其次句䍙🔲（脊字偏旁）陈侯因脊镦🔲小篆

卜辞象人张口吐气之形，右面的🔲（即反旡字）象人张口，左面的🔲即代表气。次字的本义既如此，所以小篆改象张口形之🔲为象气形，亦即反🔲（气）字之彡。旡与气义既相通，则气之别构作炁，实与金甲文相符合，不得认为俗体了。次字依金甲文从反旡，则与炁相通，依小篆从彡，则与气（氣）相通，可知次字本来就有气的意思。《周礼》故书陊作资，而资所从的次有气义，则毛公、二郑及宋均皆以气释陊字，必是有来历的。但毛公、郑众承用古训，知其然未必知其所以然，因为看他们都训陊为升气，大概是一壁沿用了古训，一壁又读陊如字而训为升，合拢来便成为升气了。

总之，陊之本字当作资，资又是次的借字。次字若依古文作🔲，则正象虹之形，若依金甲文及小篆则含有气义。由前说，陊即虹，由

---

① 小篆次作🔲，许书曰"不前不精也，从欠二声"。不前不精，义本难明，而从欠与次第义尤无涉。窃疑次第本字当以作🔲为正。

② 《殷墟书契后编》卷下，第四十二页，第六片。

后说，陓即气，而云也是气之一种，则陓也可以说即是云了。陓之与云，名异而实同，则毛公、郑玄、荀爽等皆释陓为云，固然不错，而我说诗之朝陓即赋之朝云，也就更有根据了。

以上就字的形义说，资（陓）与虹的关系已经够密切的了。若就字音说，关系还要密切。因为虹、蜺是一物，而资与蜺古音同，资是蜺的假借字。

《说文》霓从兒声，次从二声，兒与二同音，则霓与次古音亦同。霓与次音理可通，还可从与这两字的声类相近的字中找到不少的旁证。属于谐声的，例如：（一）癡从疑声，（二）耻从耳声，（三）聑从耳声，（四）聏从耳声，（五）尼从匕声。以上疑、耳、尼与儿声近，癡、耻、聑、聏、匕与次声相近。属于名物训诂的，例如：（一）《书·舜典》郑注"能，咨也"；（二）《说文》"姿，态也"，态从能声；（三）《说文》"俀，伿也"；（四）《说文》资之重文作饻，《广雅·释器》"饻，饵也"；（五）《尔雅·释宫》"楣谓之梁"；（六）玄应《一切经音义》十一引《通俗文》"肭，再生也"，《说文》"凡战死而复生曰歃"。以上能耳而内皆与儿声近，而皆与从次声之字同义。其实霓古读如次，在霓的音符儿字上还可以找到更直接的理由。

ㄚ 卜辞[①] ㄚ 小臣儿卣 ㄚ 易儿鼎 ㄚ 宿儿鼎[②] ㄈ 小篆

[①] 《殷墟书契前编》卷七，第十六页，第二片。
[②] 今作宿儿鼎。——编者注

高唐神女传说之分析

�〈、〉figure〈即《说文》齿之古文figure〈，儿字从figure〈，在意义上，本象小儿张口露齿之形，所以俗呼小儿为牙（《说文》牙之古文作figure〈，在声音上是从figure〈得声，所以儿一曰子，子与齿音近。儿字既有齿音，则霓与次自然可以因为音近而相通假了[①]。）

总之，霓与资，无论在形义或声音上都相合，所以《周礼》故书以资代霓。资与陒又是同声通用的字[②]，所以《毛诗》《周礼》及《春秋感精符》又以陒代资。陒既是霓的二重假借字，所以《周礼》郑注训为虹。但虹霓云气古人不分，所以《候人》传、笺及荀爽《易》注皆训陒为云，而《蝃蝀》传、笺，先郑《周礼》注，宋均《春秋纬》注又皆训为气。陒即霓，霓云又可以不分，所以我们说诗的朝陒即赋的朝云。

[①] 《说文》以为"象小儿头囟未合"，形既不似，理亦迂阔。《系传通论》云"figure〈与古文齿相类"，所见与余合，唯未质言figure〈即齿耳。

[②]《说文》斋重文作粢，饕重文作饻，郑子婴齐金文《王子婴次炉》，齐作次，齐威王因齐金文《陈侯因𬤊敦》，齐作𬤊。

虹与美人

《周礼·眡祲》之职"掌十辉之法,以观妖祥,辨吉凶"。隮是十辉之一,在古人心目中必有所象征,才可以为"观妖祥,辨吉凶"之用。隮所象征的是什么,经典中未曾明言。但隮即虹,上文已经说过,而虹这东西据汉以来一般的意见,正是有着一种象征意义的。有以虹为阴阳二气交接之象者:

《淮南子·说山》"天二气则成虹",高诱注"阴阳二气[1]相干也。"
《吕氏春秋·节丧》高诱注"虹,阴阳交气也。"
《汉书·天文志》"虹霓者,阴阳之精也。"
《初学记》一引《春秋元命苞》"阴阳交为虹蜺,虹蜺者阴阳

---

[1] 原作"阴阳相干二气也",不成文义,今以意改之如此。

之精。"

《易通卦验》郑玄注"虹者阴阳交接之气。"

《艺文类聚》二引蔡邕《月令章句》"虹,螮蝀也,阴阳交接著于形色者也。"

因之,虹即为淫邪之象:

《逸周书·时训》"虹不见,妇人苞乱……虹不藏,妇不专一。"

《诗·螮蝀》毛传"夫妇礼过则虹气盛。"

《后汉书·杨赐传》引《易稽览图·中孚经》"蜺之比无德,以色亲。"

《开元占经》九八引《春秋潜潭巴》"虹蜺主内淫。"

也有单说虹为阴性者:

《说文·雨部》"霓,屈虹青赤,或白色,阴气也,"

《后汉书·杨赐传》注引《春秋文耀钩》宋均注"虹蜺,阴气也。"

《开元占经》九八引《春秋感精符》"九虹俱出,五色纵横,或头衔尾,或尾绕头,失节,九女并讹,正妃悉黜。"

或又以为虹是阴淫于阳的象征,

京房《易传》"蜺,日旁气也,其占云,妻乘夫则见之,阴胜阳之表也。"

《易是类谋》"二曰离气不效,赤帝世属轶之名曾之,候在坎,女讹诬,虹蜺数兴。"郑玄注曰:"……亦又候其冲,出在南方,为太阳征,阴类栽也,故女子为讹诬。虹蜺,日旁气也。皆阴,故蔽阳。"

《释名·释天》"虹,攻也,纯阴攻阳气也。"①

以上所引的虽然几乎全是汉人的论调,但他们必是根据在他们以前早已存在着的一种观念而加以理论化。②

《太平御览》一四引张璠《汉纪》曰:"灵帝光和元年,虹昼见御座殿庭前,色青赤。上引蔡邕问之。对曰:'虹霓,小女子之神……'"

另一种说法是:

《释名·释天》"虹……又曰美人。"
《尔雅·释天》"螮蝀,虹也",郭璞注曰:"俗名为美人虹。"
《异苑》一"古语有之曰:'古者有夫妻荒年食菜而死,俱化成青虹③,故俗呼美人虹。'"

---

① 今本阴阳二字互倒,王先谦校改。
② 《周礼》出于汉人之手,故不尽可靠。所说十辉之法盖亦汉人之观念,故与以上所引汉人之说相合。
③ 虹原作绛,从《太平御览》一四引改。

高唐神女传说之分析

我认为这便是汉儒所据以推衍成他们那些灾异论的核心。虽然刘熙、郭璞、刘敬叔是三国至刘宋间的人,但他们所记的俗语,比起在他们以前的那灾异论,实在还要古些。因为凡是一种民间流行的俗语,绝不能产生于短促的时间里,这是不易的通例。不但《高唐赋》所传的虹的化身是一位美人,而且在《诗经》中就已经屡次以虹比淫奔的女子,那很分明地显示着美人虹的传说,当时已经有了。因此你想刘敬叔所谓古语,不是可以一直古到《诗经》的时代吗?

美人虹故事绵亘的期间,往前推,可以到《诗经》时代,往后推,可以到隋唐朝。《穷怪录》载[①]:

后魏明帝正光二年夏六月,首阳山中有晚虹下饮于溪泉。有樵人阳万于岭下见之。良久化为女子,年十六七。异之,问不言。乃告蒲津戍将宇文显取之以闻。明帝召入宫,幸未央宫视之,见其容貌姝美。问云:"我天帝女也,暂降人间。"帝欲逼幸,而色甚难。复令左右拥抱,声如钟磬,化为虹而上天。

这和《高唐赋》的故事相合的地方很多,而注意的是那边说"我帝之季女",这边也说"我天帝女也"。何以凑巧到这样?有人或许要抓住这一点来断定《穷怪录》的作者是抄袭《高唐赋》的故事,或至少也受了它的暗示。但是不然。《高唐赋》只说神女的原身是云是气,并

[①] 见《图书集成》虹霓部外编之二。《穷怪录》著者姓氏未详,疑为隋唐间人。《太平广记》三九六引《八朝穷怪录》同。

没有说是虹，而在《穷怪录》的作者的时代，虹与云气之间应当已经有了明晰的界限，恐怕他不能知道云即是虹。即使退一百步来讲，他真知道古人曾经云虹通称过，但是倘若依照《高唐赋》的字面，说那女子是一朵彩云化的，就不说意象更加美了的话，单就故事的机构讲，那样又有什么违碍，而非把云改为虹不可呢？《穷怪录》的作者，在事实上既不会是像我这样多事的一个人，花上九牛二虎之力去推敲云虹的关系，因而得到如同我所得到的结论；而在艺术的选择中，他更不会无缘无故舍弃了一个顶好的"云化为女子"的意象，换上"虹化为女子"。既然如此，所以我说《穷怪录》所同于《高唐赋》之处并非抄袭，而只是偶合，唯其二者同出于一个来源，所以偶合是应当而且不可避免的。

由《螮蝀》《候人》二诗而《高唐赋》，而汉人的灾异论，而刘熙、郭璞、刘敬叔等所记的方俗语，而《穷怪录》中的故事，这显然是一脉相承的。虽然有的是较完整的故事，有的是些片段（虽零星而尚可补缀的片段），有的又只是投映在学说或人语中的一些动荡的影子——虽然神话存在的证件有不同的方式，可是揣想起来，神话仍当是很久远的存在过，亘千有余年的而未曾间断的存在过。

曹卫与楚

朝阼即朝云，而朝云的神话在《诗经》时代已经产生了，这些前面都已交代清楚了。《诗经》的朝阼一见于《鄘风·蝃蝀》，一见于《曹风·候人》，《鄘风》即《卫风》，而曹魏是邻国，所以流传着同样的神话，这也是容易明白的。至于高唐在楚的境内，离曹、卫那样辽远，却也有着同样的神话，那又怎么解答呢？问题其实也简单，只要你记得在古代，一个民族不是老守着一个地域的。近来许多人都主张最初的楚民族是在黄河下游，这是可信的。胡厚宣的《楚民族源于东方考》举了许多证据，其中有一项尤其能和我们的问题互相发明。他据春秋时曹、卫皆有地名楚丘，楚丘即楚的故墟，证明最初的楚民族是在曹、卫地带住过的。楚国的神话发见于曹、卫的民歌中，不也是绝妙的证据吗？此外我想曹还有鄸邑，而在古代地名上加邑旁是汉人的惯例，则鄸邑字本作"梦"，与楚地云梦之梦同字。楚高唐神女所在的巫山是在云梦中,而曹亦有地名梦,这一来,朝隮与朝云间的瓜葛岂不更加密一层,而二者原是出于一个来源,不也更可靠了吗?总之,曹、卫曾经一度是楚民族的老家,所以二国的民歌中还保留楚民族神话的余痕,所以楚神话人物所居的地名在曹国也有,这道理是极明显的。

高唐与高阳

《墨子·明鬼》曰:

燕之有祖,当齐之社稷,宋之桑林,楚之云梦也。此男女之所属而观也。

郭沫若先生以为这和祀高禖的情形相合,因而说祖、社稷、桑林和云梦即诸国的高禖[①]。这见解是很对的。《礼记·月令》曰:

仲春之月:是月也,玄鸟至。至之日,以太牢祠于高禖。天子亲往,后妃帅九嫔御,乃礼天子所御,带以弓韣,授以弓矢于高禖之前。

[①] 《释祖妣》(《甲骨文字研究》上)。

《春秋·庄公三十三年》"公如齐观社"，三传皆以为非礼，而《穀梁》解释非礼之故曰："是以为尸女也。"郭先生据《说文》"尸，陈也，象卧之形"，说尸女即通淫之意，这也极是。社祭尸女，与祠高禖时天子御后妃九嫔的情事相合，故知社稷即齐的高禖。桑林与《诗·鄘风·桑中》所咏的大概是一事，《鄘风》即《卫风》，而卫、宋皆殷之后，故知桑林即宋的高禖。云梦即高唐神女之所在，而楚先王幸神女，与祠高禖的情事也相似，故知云梦即楚的高禖。燕之祖虽无事实可征，但《墨子》分明说它等于齐之社稷，宋之桑林，楚之云梦，则祖是燕的高禖也就无问题了。

云梦的神是楚的高禖，而云梦又有高唐观，看来高唐与高禖的关系非常密切，莫非是一回事吗？郭沫若先生便是这样主张的一个人。他说高唐是高禖之音变。但我觉得说二者之间有着密切的关系是可以的，说高唐即高禖的音变则欠圆满[1]。禖与唐在声音上相隔究嫌太远。与其说高唐即高禖，不如说即高阳，因为唐、阳确乎是同音而通用的字，卜辞成汤字作唐，《说文》唐之古文作旸，都是例证。

《路史·余论》二引束晳曰："皋禖者，人之先也。"古代各民族所记的高禖全是各民族的先妣。夏人的先妣是涂山氏，《史记·夏本纪》索隐引《世本》曰："涂山氏名女娲"[2]，而《路史·后纪》二以女

---

[1] 郭又谓高唐为郊社之音变，则确不可易，详下。
[2] 这位女娲即炼石补天，断鳌立极，始作笙簧，抟土做人而一日七十化之女娲，我另有考证。

娲为神禖[①],《余论》二又曰:"皋禖古祀女娲。"这是夏人的高禖祀其先妣之证[②]。《礼记·月令》郑注曰:"高辛氏之出[③],玄鸟遗卵,娀简吞之而生契,后王以为媒官嘉祥而立其祠焉"[④],疏引《郑志》焦乔答王权曰:"娀简狄吞凤子之后,后王以[⑤]为媒官嘉祥,祀之以配帝,谓之高禖。"这是殷人的高禖亦祀其先妣之证。《鲁颂·閟宫》传说閟宫是妣姜嫄的庙,又引孟仲子说曰"是禖宫也"。禖宫即高禖之宫。閟宫是高禖之宫,又是姜嫄的庙,这是周人的高禖亦祀其先妣之证。夏、殷、周三民族都以其先妣为高禖,想来楚民族不会是例外。因此我以为楚人所祀为高禖的那位高唐神,必定也就是他们那"厥初生民"的始祖高阳,而高阳则本是女性,与夏的始祖女娲、殷的始祖简狄、周的始祖姜嫄同例。既然如此,则楚的先祖(毋宁称为先妣)按规矩

---

① 《路史·后纪》二"少佐太昊祷于神祇,而为女妇正姓氏,职婚姻,通行媒,以重万民之则,是曰神媒。"注曰《风俗通》云,女娲祷祠神祇而为女媒,因置婚姻,行媒始此明矣。"《后记》又曰"以其载媒,是以后世有国是祀为皋禖之神,因典祠焉。"

② 《隋书·礼仪志》二"晋惠帝元康六年,禖坛石中破为二。诏问石毁,今应复不……束皙议以石在坛上,盖主道也,祭器敝则埋而置新。今宜埋而更造,不宜遂废。时议不用。后得高堂隆故事;魏青龙中告立此石,诏更镌石如旧制高禖坛上,埋破石入地一丈。据梁太庙北门内道西,有石,文如竹叶,小屋覆之,宋元嘉中修庙所得,陆澄以为孝武时郊禖之右。然则江左亦有此礼矣。"案此,则古之高禖以石为主。《汉书·武帝纪》元封元年,登礼中岳,见复后启母石,注引《淮南子》说涂山氏化为石,石破生启。窃疑作涂山氏本古之高禖,而高禖以石为主,故后世有涂山氏化为石之传说。此亦夏之高禖祀其先妣之证。

③ 出疑为世之讹。

④ 《正义》误会郑意,以高禖为高辛氏。观下文引《郑志》焦乔答王权语,其谬可知。

⑤ 以字从段玉裁校增。

说，不是帝颛顼，而是他的妻女禄[①]。本来所谓高阳氏应该是女禄的氏族名，不是颛顼的，因为在母系社会中，是男子出嫁给女子，以女家的氏为氏[②]。许是因为母系变为父系之后，人们的记忆随着悠久的时间渐渐消逝了，于是他们只知道一个事实，那便是一切主权只许操在男人手里，因而在过信了以今证古的逻辑之下，他们便闹出这样滑稽的错来，把那"生民"的主权也移归给男人了——许是因为这个缘故，楚人的先妣女禄才化为一位丈夫了。与这同类的例子似乎还有。《史记·夏本纪》索隐引《世本》，《吴越春秋·越王无余外传》都称禹为高密。我常常怀疑禹从哪里得来这样一个怪名字。如今才恍然大悟，高密即高禖（禖通作密，犹之乎禖宫通作閟宫），高密本是女娲的称号，却变成禹的名字，这不和高阳本指女禄，后人指为颛顼相仿佛吗？

高阳在始祖的资格之下，虽变成了男性，但在神的资格之下，却仍然不得不是个女子。一方面变，一方面不变，而彼此之间谁又不能迁就谁，于是一人只好分化为二人了。再为避免纠纷起见，索性把名字也区别一下：性别不变的，当然名字也可以照旧写他的"高唐"，性别变了的，名字最好也变一下，就写作"高阳"罢。于是名实相符了。于是一男一女，一先祖一神禖，一高阳一高唐，各行其是，永远不得同头了。

至于高唐这名称是怎么发生的呢？郭沫若先生说它是郊社的音

[①] 帝颛顼的妻是女禄，见《大戴礼记·帝系》。
[②] 参看吕振羽《史前期中国社会研究》136—146页。

变,是很对的。高禖即郊禖,高、郊可通,是不成问题的。唐、社在音理上可通,郭先生已经说明了,但没有举出实例来。今案古有唐杜氏,孙诒让说:"杜本唐之别名,若楚一言荆也,累言之,楚曰荆楚,故唐亦曰唐杜。"唐一曰杜,而杜、社皆从土声,这是唐可与社通的一个证例[1]。《尔雅·释木》"杜,甘棠",棠、唐声同,所以唐棣一作棠棣。杜一曰棠,而杜与社,棠与唐皆同声而通用,这是唐与社可通的又一个证例。这样看来,高唐是郊社的音变,毫无问题了。郊社变为高唐,是由共名变为专名,高唐又变为高阳,由是女人变为男人,这和高禖变为高密,高密又由涂山变为禹,完全一致了。

---

[1] 《史记·秦本纪》宁公二年遣兵伐荡社。孙诒让云荡社即唐杜。

高唐神女与涂山氏

方才我们讲到楚民族的高唐（阳）以先妣而兼神媒，与夏民族的涂山氏同类。其实二者不但同类，而且关系密切。这道理假如我们把前面的文章温一遍，自然就明了了。在前面我们讲到《候人》诗的朝䦢即《高唐赋》的朝云，那么朝䦢便是高唐神女的前身了。我们又讲到古《候人歌》与曹《候人》诗有着很深的关系，那么朝䦢又像古《候人歌》的中心人物涂山氏了。朝䦢一面关联着高唐神女，一面又关联着涂山氏，高唐神女岂不与涂山氏也有了关系吗？果然，我们又讲到高唐神女与涂山氏的行为极相似。因为，涂山氏迎候禹，是以女追求男，再证以先秦人说禹"通之于台桑"，又目禹为淫湎，而我们觉得禹既是被动者，则假如他的行为是失德的话，责任还该由涂山氏负——把这几点综合起来，则涂山氏的举止太像奔女了。与那"闻王来游，愿荐枕席"的神女生涯几乎没有区别了。这样看来，高唐神女与涂山氏不但有关系，而且关系密切。但是高唐神女不仅在行为的性质上与涂山氏相同。她们另有两点相同之处，我们得赶快补充上。

《艺文类聚》一一引《礼含文嘉》"禹卑宫室，垂意于沟洫，百谷用成，神龙至，灵龟服，玉女敬养，天赐妾。"①

《□□□□》引《乐动声仪》"禹治水，昊天赐神女圣姑。"②

禹娶涂山氏，而纬书一则曰："玉女敬养，天赐妾"，再则曰："昊天赐神女圣姑"，这与高唐神女是天帝之女而又名曰瑶姬，不是一样的吗③？还有涂山氏所奔的禹，高唐神女所侍宿的楚之先王，都是帝王，这又何其相似！不，从这种种方面看，高唐神女与涂山氏不仅相似，简直是雷同。这是大可注意的。按神话传说的分合无常的诡变性说，二者莫非本是一人？对了，我有证据，是从地理中得来的。

《左传·哀公七年》"禹合诸侯于涂山"，杜注曰："涂山在寿春东北。"

寿春东北的涂山，即《苏氏演义》所谓四涂山中的濠州涂山，在今

---

① 原脱妾字，从《太平御览》八二引补。"敬养"《御览》八七二引作"降"，《开元占经》作"敬降养"，《古微书》一云"神农女降"。

② 见马辑本，不云出何书。黄辑《乐纬》无《动声仪》，故亦无从取证。姑阙之以待博识。

③ 《御览》四七引《会稽记》"东海圣姑从海中乘舟张石帆至，二物见在庙中。"此圣姑亦谓涂山氏。

安徽怀远县东南八里。《元和郡县志》九：濠州钟离县有涂山，在县西九十五里，又说"当涂县故城，本涂山氏国，在县西南一百一十七里，禹娶于涂山，即此也。"但《南部新书》庚①曰：

> 濠州西有高唐馆②，附近淮水。御史阎钦授③宿此馆，题诗曰："借问襄王安在哉？山川此地胜阳台。今朝寓宿高唐馆，神女何曾入梦来？"轺轩来往，莫不吟讽，以为警绝。有李和风者至此，又题诗曰："高唐不是这高唐，淮畔江南各异方④，若向此中求荐枕，参差笑杀楚襄王。"

近来钱宾四先生据《方舆纪要》"霍丘县西北六十里有高唐店，亦曰高唐市，宋绍兴初，金人躏颍、寿渡淮，败宋军于高唐市，进攻固始"，说"依此言之，淮上固有高唐。襄王既东迁，都于陈城。岂遽游江南？则求神女之荐枕者，与其在江南不如在淮上。参差之笑，恐在彼不在此也。"⑤钱先生驳李和风的话，可谓中肯极了⑥。安徽有涂山又有高唐馆，这是很有趣的。但更加有趣的，是有涂山又有高唐的还不仅安徽一处。

---

① 此事首见《封氏闻见记》七，又见《南部新书》庚，《诗话总龟》三五。《闻见记》前半缺脱。今从《南部新书》校证。
② 唐原作塘，改从《诗话总龟》。下"高唐馆"及"这高唐"两唐字亦并作塘，今并从《闻见记》及《诗话》改。
③ 钦授原作敬爱，改从《诗话》。
④ 异原作一，从《闻见记》及《诗话》改。
⑤ 《楚辞地名考》，载《清华学报》第九卷三期。
⑥ 《水经注》谓此即《高唐赋》中之巫山，历来无异说。

《华阳国志·巴志》"禹娶于涂山……今江州涂山是也。"

《水经注·江水注》"江之北岸有涂山，南有夏禹庙、涂君祠。庙铭存焉。"

这座涂山在今四川巴县（今重庆市巴南区）东一里。离此不远，便是《高唐赋》中的巫山[1]，而据赋说古高唐观便坐落在那附近。然则四川也是有涂山又有高唐的。有这样凑巧的事！几乎不可思议了。这两人——涂山氏与高唐神女，家世一样，行为一样，在各自的民族里，同是人类的第一位母亲，同是主管婚姻与胤嗣的神道，并且无论漂流到哪里，总会碰到一起，其间必有缘故。

---

[1] 《御览》四三引《寿春图经》"濠塘山在县南六十里，有濠水出焉。"案《庄子·秋水》之濠梁即此濠水。《释文》濠水亦作豪。豪从高声，豪塘即今高塘之讹变。

云梦与桑林

我们在上文根据墨子以桑林与云梦并举的话,又以《鄘风》桑中为参证,于是断定桑林即宋的高禖与楚之高禖云梦同类。不过有一个极有趣的证据在那边我们来不及提出,现在有了机会可以补充了。

《吕氏春秋·顺民》"天大旱,五年不收,汤乃以身祷于桑林。"高注曰:"桑林,桑山之林,桑能兴云作雨也。"

《淮南子·修务》"汤苦[①]旱,以身祷于桑山之林。"高注曰:"桑山之林能为云雨,故祷之。"

《吕氏春秋·慎大》"武王胜殷立成汤后于宋,以奉桑林。"高注曰:"桑山之林,汤所祷也,故所奉也。"

---

① 原脱苦字,从王念孙增。

桑林本是桑山之林的省称，这是很有关系的一点。桑林之神是住在桑山[①]上，与云梦之神住在巫山上同类，拿这一点来证明楚之云梦相当于宋之桑林，已经够了[②]。何况桑林之神能兴云作雨，与云梦之神"朝为行云，暮为行雨"[③]又是不约而同的呢？

汤祷雨，据《艺文类聚》一二引《帝王世纪》又说是：

祷于桑林之社。

这一个社字很要紧。我们先将社的制度说明一下。

《论语·八佾》"哀公问社于宰我，宰我对曰：'夏后氏以松，殷人以柏，周人以栗。'"

《白虎通义·社稷》引《尚书》逸篇"大社为松，东社为柏，西社为栗，北社为槐。"

《周礼·大司徒》"设其社稷之壝，而树之田主，各以其野之所宜木，遂名其社与其野。"

[①] 《左传·昭公十六年》"郑大旱，使屠击、祝款、竖柎有事于桑山，斩其木，不雨。子产曰：'有事于山，艺山林也。而斩其木，其罪大矣。'夺之官邑。"案郑、宋地近，风俗相同，故宋有桑山，郑亦有桑山，且皆为祷雨之所然。据此则郑民族（指郑地居民，非郑之统治者）似为殷之支裔，容更详之。

[②] 《说苑·善说》"齐宣曰猎于社山。"齐社稷之神似亦在山上，亦与《桑林》《云梦》同类。

[③] 《路史·余论》二引《尸子》"神农之理天下，欲雨则雨，五日为行雨，旬日为谷雨，旬五日为时雨，万物载利，故曰神雨。"此"行雨"之义也。

凡社必有木，所以《说文》社之古文作𥙊，从示从木从土。不过诸书所说的，似乎是后世在都邑之内，封土种树以为之的仿造的变相的社。原始时期的社，想必是在高山上一座茂密的林子里立上神主，设上祭坛而已。社一名丛，便是很好的证据。

《墨子·明鬼》"建国营都……必择木之修茂者立以为丛位。"
《六韬·略地》"社丛勿伐。"
《战国策·秦策》三"亦闻恒思有神丛与？"
《汉书·陈余传》"又间令广之次所旁丛祠中。"（注引张晏说曰："丛，鬼所凭也。"）
《太玄·聚》"示于丛社。"
《急就篇》"祠祀社稷丛腊奉。"
《华阳国志·蜀志》"迄今巴蜀民农时先祀杜主君（案社、杜古通，杜主即社主）开明位，号曰丛帝。"

《淮南子·俶真》"兽走丛薄之中"注曰"聚木曰丛"。丛与林同义。社可曰丛则亦可曰林。桑林即桑社，所以墨子以宋之桑林与齐之社稷并称，而皇甫谧又称之为桑林之社①。因而《尔雅·释诂》"林烝天帝"并训为君子的意义也可以洞彻了。丛、从取声，宁　作菆。（《礼记·丧大记》"欑犹菆也"，《释文》"菆本亦作丛。"）《说文》"菆，麻蒸也"，

---

① 桑林为社，宋人罗泌犹知之。《路史·余论》六曰："桑林者社也。"

《文选·西征赋》"感市闾之菆井",注曰:"菆井,即渭城卖蒸之市也。"烝与蒸通。林烝之义皆与丛通,丛即社,所以林烝与天帝同类。总之,社必在林中,所以社一曰林。林与社同,所以桑林即桑社了。

我们在前面说桑林是宋的高禖,现在又知道桑林是宋的社,这又给前面的推测加了一个强有力的证据。因为《周礼·媒氏》曰:

中春之月,令会男女。于是时也,奔者不禁。若无故而不用令者,罚之。司男女之无夫家者而会之。……男女之阴讼,听之于胜国之社。

我们先讲听阴讼一层。胜国之社,郑注说是"奄(掩)其上而栈其下"的亡国之社。有人疑心这和普通有树木的社不同,似乎不然。《诗·召南·甘棠》传曰:"召伯听男女之讼",试看《甘棠》后紧接着《行露》,毛公这一说确乎是可靠的。召伯听男女之讼,在甘棠下,甘棠即社木(详下),可知古时媒氏听阴讼的地方——胜国之社,依然是有树木的。总之,媒氏的听阴讼的职务是在社中履行的,这是媒氏与社有关系的佐证。

讲到媒氏的另一项职务,即"令会男女……奔者不禁"一层,你定会联想起《诗经》的桑中。你如果又由桑中那地名(或称桑间)联想到桑林之社,那也极其合理。宋、卫皆殷之后,所以二国的风俗相同,都在桑林之中立社,而在名称上,一曰桑林,一曰桑中或桑间,相差也实在太有限了。媒氏所主管的"会男女"的事务同听阴讼一般,也在社中举行,则媒氏与社的关系又加深一层。因此我们说社神即禖神，而桑林之神即宋之高禖不也加了一重证据吗？

话谈得稍远点。现在可以回到本题了。桑林之神是宋的高禖，而宋是殷后，则宋的高禖实即殷的高禖，亦即他们的先妣简狄。这一层说明白了，我们可将楚云梦之神高唐（阳）氏女禄和宋桑林之神有娀氏简狄比比了。前者住在巫山上，能为云雨，后者住在桑山上，也能为云雨。前者以先妣而兼神禖，后者亦以先妣[①]而兼神禖。前者在《高唐赋》所代表的神话中，后者如玄鸟遗卵的神话所暗示，又都是有着淫乱嫌疑的行为。高唐与简狄相同之处也是如此之多。其间不能没有缘故。

[①] 《周礼·大司乐》"舞大濩以享先妣"，注谓先妣为姜嫄，其庙为閟宫。大濩即桑林之乐。周人以大濩享其先妣，盖沿殷之旧俗。此亦桑林之神即殷先妣之证。

高唐神女传说之分析

结论

  高唐与涂山、简狄都那样相似，我们屡次讲那必有缘故。读者或许想我的意思是说他们本是一个人。这话是对的，却又不对。若说涂山即简狄，简狄即高唐，那显然是错误。若说这几个民族最初出于一个共同的远祖（当然是女性），涂山、简狄、高唐，都是那位远祖的化身，那便对了。因此，我们若说姜嫄（或古代其他民族的先妣）也是她的化身，那亦无不可，虽则关于姜嫄的事迹与传说，我们知道的不多，不能和其余几位先妣作更细密的比较。反正几位先妣既然是从某一位先妣分化出来的，我们就不妨将她们各人的许多故事合起来，当作一个人的故事看，至少为讨论的方便计，不妨这样办。这一层说明了，我们可以开始下总结论了。

  在农业时代，神能赐予人类最大的恩惠莫过于雨——能长养百谷的雨。大概因为先妣是天神的配偶①，要想神降雨，唯一的方法是走先妣的门路（汤祷雨于桑林不就是这么回事？）②，后来因先妣与雨常常连想起，渐渐便以为降雨的是先妣本人了。先妣能致雨，而虹与雨是有因果关系的，于是便以虹为先妣之灵③，因而虹便成为一个女子。朝隮（霓）朝云以及美人虹一类的概念便是这样产生的。

但是先妣也就是高禖。齐国祀高禖有"尸女"的仪式，《月令》所载高禖的祀典也有"天子亲往，后妃率九嫔御"一节，而在民间，则《周礼·媒氏》"仲春之月，令会男女"，与夫《桑中》《溱洧》等诗所昭示的风俗，也都是祀高禖的故事。这些事实可以证明高禖这祀典，确乎是十足地代表着那以生殖机能为宗教的原始时代的一种礼

---

① 契与稷皆感天而生，即基于此种观念而产生之传说。
② 请雨祷于先妣，止雨亦祷于先妣。《春秋繁露》有《请雨》《止雨》。其《止雨》中，据《论衡》似有祭女娲一法，今本脱之。《论衡·顺鼓》曰："俗图画女娲之象为妇人之形，又其号曰女，仲舒之意殆谓古妇人帝王者也。男阳而女阴，阴气为害，故祭女娲求福祐也。"
③ 古人谓神之光气曰灵。《离骚》"皇剡剡其扬灵"。注"剡剡，光貌"，汉《郊祀歌》十九"灵殷殷，烂扬光"是也。神不可见，见有光气即以为神至，《汉书·郊祀志》曰"是夜有美光"，曰"神光兴于殿旁"，曰"陈宝祠汉世常来，光色赤黄，长五丈"，皆谓神降也。虹亦光气也，故先民以为神之表征，其为光气，采色晌煐，动人美感，故又以为女性之神。

高唐神女传说之分析 159

俗[1]。文明的进步把羞耻心培植出来了,虔诚一变而为淫欲,惊畏一变而为玩狎,于是那以先妣而兼高禖的高唐,在宋玉的赋中,便不能不堕落成一个奔女了。

---

[1] 《鲁颂·閟宫》曰"万舞洋洋",閟宫为高禖之宫,是祀高禖时用万舞。万舞盖即大濩(大濩又名汤乐,故祀成汤的《商颂·那》亦曰"万舞有奕"。)故《周礼·大司乐》曰"舞大濩以享先妣",注以先妣为姜嫄,其庙谓之閟宫。《左传·隐公五年》"考仲子之宫,将万焉"。仲子者,公之祖母,考其庙,用万舞,可知万舞与妇人有特殊关系。然而《左传·庄公二十八年》又曰:"楚令尹子元欲蛊文夫人,为馆于其宫侧而振万焉",注"蛊惑以淫事"。《邶风·简兮》曰"方将万舞""公庭万舞",又曰"云谁之思,西方美人",似亦男女爱慕之诗。爱慕之情,生于观万舞,此则舞之富于诱惑性,可知。夫万舞为即高禖时所用之舞,而其舞富于诱惑性,则高禖之祀,颇涉邪淫亦可想见矣。

补记

杜光庭《墉城集仙录》里有这样一个故事：

云华夫人，王母第二十三女，太真王夫人之妹也。名瑶姬。受徊风混合万景炼神飞化之道。尝游东海还，过江之上，有巫山焉，峰岩挺拔，林壑幽丽，巨石如坛，留连久之。时大禹理水，驻其山下，大风卒至，崖振谷陨，力不可制。因与夫人相值，拜而求助。即敕侍女授禹策召百神之书，因命其神狂章、虞余、黄魔、大翳、庚辰、童律等（案庚辰、童律二名又见唐人李公佐伪撰《古岳渎经》第八卷，《岳渎经》亦说禹治水之故事。《路史·余论》九云"虞余庚辰，案楚辞，乃益稷之字"，今《楚辞》无此语。）助禹斩石疏波，决塞导厄，以循其流。禹拜而谢焉。禹尝诣之崇巘之巅。顾盼之际，化而为石，或倏然飞腾，散为轻云，油然而止，聚为夕雨，或化游龙，或为

高唐神女传说之分析

翔鹤，千态万状，不可视也。禹疑其狡怪狯诞，非真仙也，问诸童律，童律曰：'……云华夫人，金母之女也，昔师三元道君，受《上清宝经》，受书于紫清阙下，为云华上宫夫人，主领教童真之士，理在王映之台。隐见变化，盖其常也，亦由凝气成真，与道合体，非寄胎禀化之形，是西华少阴之气也。且气之弥纶天地，经营动植，大包造化，细入毫发，在人为人，在物为物，岂止于云雨龙鹤飞鸿腾凤哉？'禹然之，复往诣焉，忽见云楼玉台，瑶宫琼阙，森然暨天，灵官侍卫，不可名识，师子抱阙，天马启涂，毒龙电兽，八威备轩，夫人宴坐于瑶台之上。禹稽首问道，召禹使坐而言曰……因令侍女陵容华，命出丹玉之笈，开上清宝文以授禹。禹拜受而去，又得庚辰、虞余之助，遂能导波决川，成其功，奠五岳，别九州，而天赐玄圭，以为紫庭真人也。其后楚大夫宋玉以其事言于襄王。王不能访道要以求长生，筑台于高唐之馆，作阳台之官以祀之。宋玉作《神女赋》（女原误仙）以寓情荒淫，托词秒芜。高真上仙岂可诬而降之也？有祠在山下，世谓之大仙。隔峰有神女之石，即所化之身也。复有石天尊神女坛，坛侧有竹，垂之若簪。有槁叶飞物着坛上者，竹则因风扫之，终岁莹洁，不为之污。楚世世祀焉。

这里高唐神女简直就是涂山氏。这给上文第七段的推测完全证实了。此外有几个细节似乎得说明一下。1.所谓"东海游还"，盖指会稽。禹娶妻及会诸侯的涂山，旧传也有说是在会稽的。从东海来的云华夫人本是禹自己的发妻，到了巫山，却成陌生人，神话演变中之矛盾性，往往如此，并不足怪。2.童律说云华夫人"凝气成真"，又说他是"西华少阴之气"。(西华似乎是与太华玉女相混了,张衡《思玄赋》云:"载太华之玉女兮")云华夫人是气所变,则朝云即朝隮(气)又得到一个证据了。3. 我在前注中转引《汉书》注引《淮南子》称涂山氏化石,而这里说云华夫人化石,这也是很要紧的一点。4.《隋书·礼仪志》称梁太庙有石,"文如竹叶",据陆澄说是孝武时郊禖之石。这里说"石天尊神女坛,坛侧有竹,垂之若簪",与《隋志》所载颇有相似之处,大概石天尊之石亦即郊禖之石。果然如此,则我说高唐神女即楚之高禖,更愈加可以成立了。5. 我又说涂山氏即女娲,全部的论证因篇幅的关系,不能拿出,现在还是不能,不过就云华夫人的故事中可以先提出一点来谈谈。《淮南子·览冥》有女娲积芦灰以止淫水的话,可知古来相传女娲是助禹治水的。云华夫人助禹治水的方法虽神怪化了,但治水这主干的事实并没变。云华夫人即涂山氏,则女娲亦即涂山氏了。

《集仙录》虽把高唐神女与涂山氏合为一人,但我仍然不主张她们本是一人。我仍然相信她们以及旁的中国古代民族的先妣,都是从某一位总先妣分化出来的,这位总先妣,我从前想许就是西王母。《集仙录》上说云华夫人是王母第二十三女,当然是后世道家捏造的谱系,但说不定这个谎给他们撒得几分对了。最后有一件事,也是前次想到而未敢说出的,现在得了《集仙录》这点新材料,我才感觉把握较多点。我想涂、社古音近,涂或即社的音变,而涂山实即社山。高唐即郊社,上文已经说过。现在我们又可以说涂、唐、社都是一声之转了。

【注一】《文选》上载的《高唐赋》录之如下,以资比较。

昔者楚襄王与宋玉游于云梦之台，望高唐之观。其上独有云气，崒兮直上，忽兮改容，须臾之间变化无穷。王问玉曰："此何气也？"玉对曰："所谓朝云者也。"王曰："何谓朝云？"玉曰："昔者先生尝游高唐，怠而昼寝。梦见一妇人曰：'妾巫山之女也，为高唐之客。闻君游高唐，愿荐枕席。'王因幸之。去而辞曰：'妾在巫山之岨，旦为朝云，暮为行雨，朝朝暮暮，阳台之下。'旦朝视之，如言，故为立庙，号曰朝云……"

此与《杂体诗》注所引《宋玉集》最大的区别，在诗注所引"我帝季女"数语，此作"巫山之女"，又无以下数语。考同书《别赋》注引《高唐赋》及《襄阳耆旧传》并与《杂体诗》注引略同。知《文选》所载，乃经昭明删节，非宋赋之旧，故不从之。《别赋》注引《高唐赋》文如下：

我帝之季女，名曰瑶姬，未行而亡，封于巫山之台，精魂为草，实为灵芝。

《渚宫旧事》三引《襄阳耆旧传》如下：

襄王与宋玉游于云梦之台。望朝云之馆，其上有云气，变化无穷。王曰："何气也？"玉曰："昔者先生游于高唐，怠而昼寝。梦见一妇人，暧乎若云，皎乎若星，将行未止，如浮忽停，详而观之，西施之形。王悦而问之。曰：'我夏帝（《文选·高唐赋》注引作赤帝）之季女也，名曰瑶姬，未行而亡，封乎巫山之台。精魂为草，摘而为芝，媚而服焉，则与梦期。所谓巫山之女、高唐之姬。闻君游于高唐，愿荐枕席。'王因幸之。既而言曰：'妾处之羭，尚莫可言之。今遇君之灵，幸妾之蹇。将抚君苗裔，藩乎江汉之间。'王谢之。辞去曰：'妾在巫山之阳，高邱之岨，旦为朝云，暮为行雨，朝朝暮暮，阳台之下。'王朝视之，如言，乃为立馆，号曰朝云。"王曰："愿子赋之，以为楚志。"

又《水经注·江水》注曰："巫山，帝女居焉；宋玉所谓天帝之季女，名曰瑶姬，未行而亡，封于巫山之阳，精魂为草，实为灵芝。"与《别赋》注同。

第五讲

西王母的传说

吴晗

西王母之名最早见于中国典籍中,
从"其状如人"到"有人戴胜虎齿,有豹尾",
由"似人的兽"到"似兽的人",
这是西王母在它的故事中的第一次衍变。
由此而生出来若干扩到无穷大的故事。

吴晗 （1909—1969） 西南联大历史系教授

著名历史学家，尤精明史。曾任云南大学、西南联合大学、清华大学教授，中国科学院历史研究所学术委员，中国科学院哲学社会科学部学部委员。

西王母故事的衍变

西王母之名最早见于中国典籍中的，当为战国末期的作品——《山海经》中的《西山经》：

……又西三百五十里曰玉山，是西王母所居也。西王母其状如人，豹尾虎齿而善啸，蓬发戴胜，是司天之厉及五残。

郭璞注《穆天子传》即据此文．

西王母如人，虎齿蓬发，戴胜，善啸。

《海内北经》又据此文，另外替它加顾了三个厨役来服侍，在装饰方面，也加了"梯几"二字的形容词，肯定它的住所在昆仑墟北，而不言玉山。

西王母梯几而戴胜，其南有三青鸟，为西王母取食，在昆仑墟北。

《大荒西经》更详细了，连它的住址方向、周围事物、面貌、居处，都有肯定的记述：

西海之南，流沙之滨，赤水之后，黑水之前，有大山名曰昆仑之丘。有神，人面虎身，有文，有尾皆白，处之。其下有弱水之渊环之。其外有炎火之山，投物辄然，有人戴胜虎齿，有豹尾，穴处，名曰西王母。此山万物尽有。

从"其状如人"到"有人戴胜虎齿，有豹尾"，由"似人的兽"到"似兽的人"，这是西王母在它的故事中的第一次衍变。由此而生出来若干扩到无穷大的故事。

接着，我们在汲冢所发现的《穆天子传》中，果然遇见了一位确是人类，极有礼仪，能应酬，能歌谣，雄长一方的西王母：

乃遂西征，癸亥，至于西王母之邦。

吉日甲子，天子宾于西王母，乃执白圭玄璧以见西王母，好献锦组百纯，□组三百纯，西王母再拜受之，□。

乙丑，天子觞西王母于瑶池之上，西王母为天子谣曰："白云在天，山陵自出，道里悠远，山川间之，将子无死，尚能复来。"天子答之曰："予归东土，和治诸夏，万民平均，吾顾见汝，比及三年，将复而野。"天子遂驱升于弇山，乃纪其迹于弇山之石，而树之槐。眉曰："西王母之山"。西王母之山。还归丌□，世民作忧，以吟曰："北徂西土，爰居其野，虎豹为群，於鹊与处，嘉命不迁，我惟帝，天子大命而不可称顾。世民之恩，流涕丠陨，吹笙鼓簧，中心翔翔，世民之子，唯天之望。"

自群玉之山以西，至于西王母之邦三千里，□自西王母之邦，北至于旷原之野，飞鸟之所解其羽，千有九百里。

在《山海经》《列子》诸书中，因循传衍，都有类似的记载（详见另文）。从渺茫的似兽的人到真正的人，这是西王母的第二次衍变。

《焦氏易林》是汉代一部卜筮的书，所收容的筮词中，包含不少与西王母有关的故事，如《讼》之第六《泰》：

弱水之西，有西王母，生不知死，与天相保。

西王母是一个长生不死的生物。《坤》之第二《噬嗑》：

稷为尧使，西见王母。拜请百福，赐我善子。

西王母成求子与求福的目标，并与尧稷发生关系。《小畜》之第九《大有》：

金牙铁齿，西王母子，无有患殃，扶舍涉道。

《大壮》之三十四《咸》：

畜鸡养狗，长息有储，耕田得黍，王母喜舞。

《明夷》之三十六《讼》：

穿鼻系株，为虎所拘，王母祝祠，祸不成灾，遂然脱来。

西王母又成为社神及含有神秘性之巫祝（详见另文）。由真正的人衍变为长生不死、求子与求福的目标，社神、巫祝等多方面的发展，并和传说中更古的人王发生关系，这是西王母的第三次衍变。

西王母在什么时候才变成女人的呢？这问题在《汉书》中予以一划时代的解答。《汉书》卷八十四《翟方进传》：

莽于是依《周书》作大诰曰："……太皇太后肇有元城沙鹿之右，阴精女主圣明之祥，配元生成，以兴我天下之符，遂获西王母之应[1]，神灵之征，以佑我帝室，以安我太宗，以绍我后嗣，以继我汉功。"

《太平御览·礼仪部》引卫宏《汉旧仪》云："祭王母于石室，皆

---

[1] 孟康曰："民传祀西王母之应也。"

在所二千石令长奉祠。"

卷九十八《元后传》：

> 莽乃下诏曰："……更命太皇太后为新室文母太皇太后，协于新室。故交待之际，信于汉氏，哀帝之代，世传行诏，为西王母共具之祥，当为历代为母，昭然著名。"

所谓祠祀，行诏，《汉书》卷二十六《天文志》：

> 哀帝建平四年，正月、二月、三月民相惊动，欢哗奔走，传行诏筹祠西王母。

《五行志》下之上说得更详细：

> 哀帝建平四年正月，民惊走，持稾或掫一枚，传相付与，曰："行诏筹。"道中相过逢，多至千数，或被发徒跣，或夜折关，或逾墙入，或乘车骑奔驰，以置驿传行，经历郡国二十六至京师。其夏，京师郡国民聚会里巷阡陌，设祭，张博具，歌舞祠西王母。又传书曰："母告百姓，佩此书者不死，不信我言，视门枢下，当有白发。"至秋止。

这时候哀帝祖母傅太后用事，杜邺对策以为："西王母妇人之称，博弈男子之事。"此种现象为外家用事之应。西王母从此便固定地变成女人，这是西王母故事的第四次衍变。

西王母的传说　173

汉自景武以来，董仲舒始以阴阳五行之说附会儒学，得时主信任，学风为之一变，在这种思潮下产生的《吴越春秋》，自然也逃不脱她的影响。西王母是女人，属阴，当得有一位属阳的来配她。于是由西想到东，由母想到公，东西公母都是相对的，因此就新造成一位东王公，东属木，故又称木公，西属金，故西王母也称金母。

种曰："一曰尊天事鬼以求其福……"越王曰："善！"乃行第一术，立东郊以祭阳，名曰东王公，立西郊以祭阴，名曰西王母，祭陵山于会稽，祀水泽于江州，事鬼神一年，国不被灾。(《勾践阴谋外传》)

从阴阳五行的相对，而产生出一位东王公，来配西王母，这是西王母故事的第五次衍变。

西王母既然被指定为女人，又替她找出一位阳性来配衬。《易·系辞·下》："天地絪缊，万物化醇，男女构精，万物化生。""一阴一阳之谓道"，男女间的事，我们的古人素来有些不顺口，可是对于过去的在传说中的古人替他们撮合一下，也还无伤大雅，《神异经·中荒经》说：

昆仑之山有铜柱，其高入天，所谓天柱也。围三千里，周回如削，下有回屋，方百丈，仙人九府治之。上有大鸟，名曰希有，南向张左翼覆东王公，右翼覆西王母，背上小处无羽一万九千里，西王母岁登翼上会东王公也，其柱铭曰："昆仑铜柱，其高入天，圆周如削，肤体美焉。"其鸟铭曰:"有鸟希有,碌赤皇皇,不鸣不食,左覆东王公,右覆西王母。王母既东,登之自通,阴阳相须,唯会益工。"

从一年一度在希有背上相会的喜剧,又衍变成另一系统的牛郎织女的故事。由东王公的产生到西王母的结婚,这是西王母故事的第六次衍变。

以上曾提及和西王母发生过关系的人王有周穆王、尧、稷……但是经过了若干年的渲染以后,西王母已不再是从前那样"豹尾虎齿"的怪状,或龙钟白发的老巫了,她的外表已经经过若干幻想家、文人所修饰,成为一位典型的漂亮女性:

王母唯挟二女侍上殿,侍女年可十六七,服青绫之褂,容眸流盼,神姿清发,真美人也!王母上殿东向坐,著黄金褡襡,文采鲜明,光仪淑穆,带灵飞大绶,腰佩分景之剑,头上太华髻,戴太真晨婴之冠,履元璃凤文之舄,视之年可三十许(《集仙录》作二十许,更年轻,详另文),修短得中,天姿掩霭,云颜绝世,真灵人也。(《道藏·洞真部·记传类》)

汉武帝在中国史上是一位杰出的人主,他虽穷兵黩武,希求长生,但在一般人的眼光中,却不致如秦始皇那样讨人厌。《史记·封禅书》中荒渺绰约的叙述,使他被动地不得不和西王母发生关系,而成为西王母故事中非常精彩的一部分。

中国的古史是"层叠地造成",譬如积薪,后来居上,中国的故事也是如此,汉武帝既已和西王母发生关系,为什么比他更早的反而不能呢?于是历史上有名的人主——燕昭王、舜、禹、黄帝……便连茅拔茹地都成为故事中的一个角色。这是西王母故事衍变的第七阶段。

神仙家的调制使西王母成为一位女仙,握有神秘的权力。古代有无男女平权的思想,文献不足,我们不能详知,不过"男女有别"是儒家的教条之一,同时也是社会的无形制裁。所以《博物志》所赋予王母的职责:

老子云:"万民皆付西王母,唯王、圣人、真人、仙人、道人之命,上属九天君耳。"(《博物志·杂说上》)

便不为人所满意,因为这不但地位太低,而且"男女无别",大不是道理。他们便重来一下,把她改成唯一的女仙领袖,和东王公分性而治:

金母元君者,九灵太妙龟山金母也,一号太虚九光龟台金母元君,一号曰西王母,乃西华之至妙,洞阴之极尊,在昔道气凝寂,湛体无为,将欲启迪玄功,生化万物;先以东华至真之气,化而生木公,木公生于碧海之上,芬灵之墟,以主阳和之气,理于东方,亦号曰东王公焉。又以西华至妙之气,化而生金母,金母生于神洲伊川,厥姓缑氏,生而飞翔,以主阴灵之气,理于西方,亦号西王母,皆质挺大无,毓神玄奥,于西方渺莽之中,分大道醇精之气,结气成形,与东王公共理二气，而养育天地，陶钧万物矣。体柔顺之本，为极阴之元，位配西方，母养群品，天上天下，三界十方，女子之登仙得道者，咸所隶焉。(《说郛》卷一百一十三：汉桓骥《西王母传》,《道藏·洞神部·谱箓类》,《墉城集仙录·金母元君》)

于是西王母又摇身一变，变成统辖同性的神仙，完成了在她的故事中的第八次衍变。

人生最难得的是永久的美貌，最不可求的是亘古的长生，最不易取得的是领袖的地位，现在西王母什么都有了，她还缺少一些什么呢？聪明的古人又替她想出，"不孝有三，无后为大"，她既有丈夫，又年轻，应该有几个子女来完成她的圆满的生命过程，于是她的故事又走入一个新的阶段，我们来看古人替她安排好的新家庭分子：

南极王夫人者，王母第四女也，名林，字容真，一号紫元夫人，或号南极元君，理太丹宫。(《三洞群仙录》《墉城集仙录》)

云华夫人，王母第二十三女，太真王夫人之妹也。名瑶姬。(《墉城集仙录》二)

紫微王夫人名清娥，字愈音，王母第二十女也。[①](《墉城集仙录》)

云林右英王夫人名媚兰，字申林，王母第十三女也，受书为云林宫右英夫人，治沧浪宫。(《墉城集仙录》,《太平御览》六七四)

[①] 《许迈真人传》作王母第二十七女。

西王母的传说　177

太真夫人者，王母之小女也，名婉罗，字勃遂，事玄都太真王，有子为三天太上府都官司直，主总纠天曹之违，比地上之卿佐。(《道藏·洞神部·谱箓类》,《墉城集仙录》卷二）

据以上所引的看，她至少有二十四个女儿、二十四个女婿、几百位外孙，佩玉铿锵，真极一时之盛！

但是，"名不正，则言不顺"，西王母的女儿都有名有字，她自己也应该有一个出身的根源和名字才对。于是《轩辕黄帝传》替她找出她的父亲：

时有神人西王母者，太阴之精，天帝之女。

段成式替她找出她的姓名、字号、生卒：

西王母姓杨名回，治昆仑西北隅，以丁丑日死，一曰婉妗。（《酉阳杂俎》十四《诺皋记》）

杜光庭又以为她姓缑：

金母生于神洲伊川，厥姓缑氏。（《墉城集仙录·金母元君》）

又有人以为她姓侯，姓焉：

西王母姓杨，一曰缑氏，一曰侯氏，一曰焉氏。名回，一曰婉妗。（《少室山房笔丛·玉壶遐览二》）

《续仙传》又替她找出后代的子孙：

> 缑仙姑者，长沙人也……他日，又言西王母姓缑，乃姑之圣祖也……河南缑氏乃王母修道之处，故乡之山也。

西王母本身的故事，到此已经完满到无以复加，再也不能加什么更新鲜的东西上去了。以后的文人、幻想家，因为故事的本身已经凝固，他们也只能从表面上去加一点髹漆，使她更美丽、更神秘，却不能从质的方面把她改动一下。

以上就纵的方面简单地说明西王母的故事的几个衍变过程，现在我们再来看横的方面发展：

（一）道德家的西王母

据上文所引《汉书》中的记载，知道西汉建平以前，西王母已经很普遍地成为民众所崇祀，国家也叫地方官按时致祀的神祇了。这样一位名人，当然值得援引来帮场面，《庄子·大宗师》就不客气地实行拉夫主义：

> 夫道有情有信，无为无形，可传而不可受，可得而不可见……堪坏得之以袭昆仑，冯夷得之以游大川，肩吾得之以处大山，黄帝得之以登云天，颛顼得之以处玄宫，禺强得之立乎北极，西王母得之坐乎

西王母的传说　179

少广，莫知其始，莫知其终。

把西王母轻轻地放入黄帝、禹强、颛顼、冯夷一些古人堆中，自然西王母也成了一位道地的古代贤人了。这一牵引似乎太不自然一点，所以后人很少引用，"西王母坐乎少广"的故实，仅被因袭于《轩辕黄帝传》：

时有神人西王母者，太阴之精，天帝之女，虎首豹尾，蓬头戴胜，颢然白首，善啸，石城金台而穴居，坐于少广山，有三青鸟，常取食。

（二）羿与嫦娥

《山海经》中的帝俊妻常仪，念的人一不留心便把她衍成常义，又衍成常我，再替她加上女字旁成为嫦娥，这正如清代对付外国人一样，老是替他们加上口字旁，成为喋咭唎、哦啰嘶。在《海内西经》有"百神之所在，在八隅之岩，赤水之际，非仁羿莫能上冈之岩"一段神话，《海内南经》又有"羿与凿齿战于畴华之野，羿射杀之，在昆仑虚东"一些功绩，不知是何因缘，两人便结合和西王母发生关系：

譬若羿请不死之药于西王母，姮娥窃以奔月，怅然有丧，无以续

之。何则？不知不死之药所由生也。是故乞火不若取燧，寄汲不若凿井。(《淮南子·览冥训》)

张衡《灵宪》：

羿请无死之药于西王母，姮娥窃之以奔月……托身于月，是为蟾蜍。

郭璞《山海经图赞》不死树：

万物暂见，人生如寄，不死之树，寿蔽天地，请药西姥，焉得如羿？

(三) 汉晋以来词人与王母上寿

西王母到什么时候方成为一个美丽的女仙？这问题我们虽不能予以止式的划时代的解答，但从反面看，至少可以知道她在什么时期以前不是如此。从上文的引证，我们已知道西王母的衍成女性，是在公元前90年到公元前3年这一时期中，现在我们再来考察一下她在什么时期以前，不是一个如后人所描写那么美貌的一个女人。

汉晋间词人用西王母作为点缀的作品很多，现在只摘录其有关容貌或外表的描写于下：

在司马相如的《大人赋》中，西王母依然是"皬然白首，戴胜而穴处"那样一个怪物，和《山海经》中所描写的没有什么走样：

西望昆仑之轧芴洸忽兮，直径驰乎三危。排阊阖而入帝宫兮，载玉女而与之归。登阆风而遥集兮，亢乌腾而一止。低回阴山翔以纡曲兮，吾乃今目睹西王母？皬然白首，戴胜而穴处兮，亦幸有三足乌为之使。必长生若此而不死兮，虽济万世不足以喜。

稍后的扬雄《甘泉赋》中的西王母便已改头换面了：

风俍俍而扶辖兮，鸾凤纷其衔蕤。梁弱水之瀌漾兮，蹑不周之逶蛇。想西王母欣然而上寿兮，屏玉女而却宓妃。玉女无所眺其清卢兮，宓妃曾不得施其蛾眉。方揽道德之精刚兮，侔神明与之为资。

在他的描写中我们得到两个要键，其一是西王母是个绝世的美人，因为玉女、宓妃都是向来传说中的美女，西王母一上来便屏玉女而却宓妃，使玉女无所眺其清卢，宓妃不得施其蛾眉，其美可知！其二是王母上寿的故事，从"欣然而上寿"短短的五字便衍成后来若干有趣的瑶池庆寿的故事。

班彪《览海赋》也提及王母，把她和古仙人松乔并列：

朱紫彩烂，明珠夜光，松乔坐于东序，王母处于西箱。

身处"朱紫""明珠"中，已不是从前"穴居野处"那样的寒村了。张衡《思玄赋》更明白地指出她的美：

聘王母于银台兮，羞玉芝以疗饥。戴胜憖其既欢兮，又诮余之行迟。载太华之玉女兮，召洛浦之宓妃。咸姣丽以蛊媚兮，增嫮眼而蛾眉。舒妙婧之纤腰兮，扬杂错之袿徽。

经过这几番做作以后，西王母的美已成铁般的事实，不再有人怀疑了。试看：

玉佩连浮星，轻冠结朝霞。列坐王母堂，艳体餐瑶华。湘妃咏涉江，汉女奏阳阿。（晋张华《游仙诗》）

潘尼《琉璃碗赋》：

济流沙之绝险，越葱岭之峻危……于是游西极，望大蒙。历钟山，窥烛龙。觌王母，访仙童。

陶潜《读山海经》:

玉台凌霞秀，王母怡妙颜。天地共俱生，不知几何年？灵化无穷已，馆宇非一山。高酣发新谣，宁效俗中言！

再看时代较后一点的：

鼎湖流水清且闲，轩辕去时有弓剑。古人传道流其间，后宫婵娟多花颜。乘鸾飞烟亦不还，骑龙攀天造天关。造天关，闻天语，长云河车载玉女。载玉女，过紫皇，紫皇乃赐白兔所捣之药，后天而老凋三光，下视瑶池见王母，蛾眉萧飒如秋霜。（李白《飞龙引》）

蓬莱宫阙对南山，承露金茎霄汉间。西望瑶池降王母，东来紫气满函关。云移雉尾开宫扇，日绕龙鳞识圣颜。一卧沧江惊岁晚，几回青琐点朝班。（杜甫《秋兴》）

是"妙颜"，是"蛾眉"，雍容华贵，仪态万方，假使我们拿《山海经》所描写的和这些比较，也许是一件极有趣味的事情，可注意的是《十洲记》《汉武内传》《汉武外传》《汉武故事》《博物志》《洞冥记》《尚书帝验期》《列仙传》一些托名汉人的著作所描写的，把她和以上的引证一比较，立刻可以知道到底是谁先谁后和因袭放大的痕迹。

（四）西王母与西戎及其他

在《穆天子传》中告诉我们，西王母是西方一家的酋长，这一事实的发现，立刻使西王母和西方各地发生各种不同的关系，第一是西王母，《荀子·大略》《新序》都说：

禹学于西王国。(《路史·疏仡纪》作西王悒)

或西王母国,《论衡·恢国》:

> 元始……四年,金城塞外羌良愿等献其鱼盐之地,愿内属……西王母国在绝极之外,而汉属之。

《太平御览·道部》三引《尚书帝验期》:

> 王母之国在西荒,凡得道授书者,皆朝王母于昆仑之阙。

《艺文类聚》十一引《雒书·灵准听》:

> 西王母献益地图[①]。

《路史·余论》卷九《西王母》:

> 西王母,西方昏荒之国也。

---

① 西王母,西方之国也。《路史·余论》卷九《西王母》:"西王母,西方昏荒之国也。"

《外国图》：

西王母国前弱水中，有玉山白兔。

或西王母，《尔雅》：

孤竹、北户、西王母、日下，谓之四荒。

《史记·大宛列传》：

安息长老传闻条枝有弱水、西王母，而未尝见。

《淮南子·地形训》：

西王母在流沙之濒。

第二是一方酋长的西王母，《竹书纪年》：

穆王十七年，西征昆仑丘，见西王母。其年来见，宾于昭宫。

《大戴礼》《三朝记》《世纪》《世本》《尚书帝验期》更提早千余年，抬出古史上有名的舜来：

昔西王母献舜白玉琯及益地图。

《宋书》二十九《符瑞志》所记相同：

西王母，舜时来献白环、白琯。

《礼斗威仪》则作：

献地图及玉块。

《太平御览》六百九十二引《瑞应图》又抬出一个更古的人王：

黄帝时，西王母乘白鹿来献白环。

第三是西王母山，《山海经·大荒西经》：

西有王母之山。

《太平御览》引《河图括地象》：

殷帝大戊使王孟采药于西王母。

《轩辕黄帝传》：

黄帝……立台于沃人国西王母之山，名轩辕台。

《十六国春秋》：

甘松山东北，有西王母楼蒲山，大有神验，江水出焉。

《沙州记》亦云：

羊鹘岭东北二百里有大山，遥望甚似东岳岱山，极高大险峻，嵯峨崔嵬，颇有灵验，羌胡父老传云，是西王母楼蒲山。

第四是西王母石室，《汉书·地理志》：

金城郡临羌西北至塞外，有西王母石室。

《十六国春秋·前赵录》：

周穆王见西王母，乐而忘归，即在此山，山有石室，王母堂，珠玑镂饰，焕若神宫。

《十洲记》：

赤水西有白玉山，山有西王母堂室。

《列仙传》：

赤松子者，神农时雨师也，服水玉以教神农，能入火自烧，至昆仑山上，常止西王母石室中，随风雨上下。

（五）西王母与动、植、矿物

同样，西王母和她原来的本家，扁毛的禽，四足的兽，不识不知的植物、矿物也发生了关系。

《抱朴子·登涉》：

山中……卯日称丈人者，兔也，称东王父者，麋也，称西王母者，鹿也。

杜甫《玄都坛歌》有王母鸟．

屋前太古玄都坛，青石漠漠常风寒。
子规夜啼山竹裂，王母昼下云旗翻。

邝露《赤雅下》：

> 王母若练雀，青色，尾最长，有钱如孔翠。瑶中有王母裘，织成钱文……

在植物中有西王母簪，《广志》：

> 龙须一名西王母簪。

有西王母席，《古今注》及《苏氏演义》卷下：

> 至今有虎须草，江东亦织以为席，号曰西王母席。

有西王母杖，《抱朴子·仙药》：

> 象柴，一名纯卢是也。或云仙人杖，或云西王母杖。

有西王母枣，《艺文类聚》八十七引《晋宫阁名》：

> 华林园枣六十二株，王母枣十四株。

《邺中记》：

石虎园中有西王母枣,冬夏有叶,九月生花,十二月乃熟,三子一尺。

《洛阳伽蓝记》:

景阳山南,有百果园,果列作林,林各有堂。有仙人枣,长五寸,把之两头俱出,核细如针,霜降乃熟,食之甚美。俗传云出昆仑山。一曰西王母枣。

《西京杂记》:

初修上林苑,群臣远方各献名果异树,亦有制为美名,以标奇丽……枣七:弱枝枣,玉门枣,棠枣,青华枣,梬枣,赤心枣,西王母枣,出昆仑山。

《太平御览》卷九五六引《广志》:

东郡谷城紫枣长二寸,西王母枣大如李核,三月熟,众果之先熟者也。种洛阳宫后园。

《广记》:

西王母枣大如李核,三月熟,在众果之先,出于洛阳宫后园。

有西王母桃,《洛阳伽蓝记》:

景阳山百果园有仙人桃,其色赤,表里照彻,得霜乃熟,亦出昆仑山,一曰西王母桃也。

《太平御览》九六七引《汉武故事》:

东郡献短人,帝呼东方朔,朔至,短人指朔谓上曰:"王母种桃三千年结子,此儿不良,已三过偷之矣。"后西王母乃出桃七枚,母自啖二,以五枚与帝,帝留核着前。王母问曰:"用此何为?"上曰:"此桃美,欲种之。"母叹曰:"此桃三千年一着子,非下土所植也。"后上杀诸道士妖妄者百余人,西王母遣使谓上曰:"求仙信邪,欲见神人而杀戮,吾与帝绝矣。"又致三桃曰:"食此可得极寿。"

《拾遗记》:

明帝因贵人梦食瓜甚美,帝使求诸方国,时敦煌献瓜种,恒山献巨桃核。瓜名穹隆,长三尺而形屈曲,味美如饴。父老云:"昔道士从蓬莱山得此瓜,云是崆峒灵瓜,四劫一实,西王母遗于此地,世代遐绝,其实颇在。"又说巨桃霜下结花,隆暑方熟,亦云仙人所食,帝使植于霜林园,园皆植寒果,积冰之节,百果方盛,俗谓之相陵,与霜林之音讹也,后曰:"王母之桃,王公之瓜,可得而食,吾万岁矣!安可植乎?"后崩,侍者见镜奁中有瓜桃之核,视之涕零,疑其非类耳。

南北朝任昉有《咏池边桃》诗：

> 已谢王母苑，复揖绥山枝。
> 聊逢赏者爱，栖趾傍莲池。
> 开红春灼灼，结实夏离离。

宋伍辑之《园桃赋》：

> 嗟王母之奇果，特华实分兼副，既陶煦之夏成，又凌寒而冬就。

唐李白有《庭前晚开花》诗：

> 西王母桃种我家，三千阳春始一花。
> 结实苦迟为人笑，攀折唧唧长咨嗟！

西王母桃从此以后，便成为文人所喜用的掌故。又有西王母树，《太平御览》卷九九五引《邺中记》：

> 金华殿后有石虎皇后浴室。种双长生树，世谓之西王母长生树。

有王母珠，《苏氏演义》下：

> 苦葴，一名苦织，子有里，形如皮弁……长安儿童名洛神珠，亦

曰王母珠。

在矿物中有西王母白环，《旧唐书·肃宗本纪》：

楚州刺史崔侁献定国宝玉十三枚……四曰西王母白环，二枚，白玉也，径六七寸。

《酉阳杂俎》一，所载稍异：

楚州献定国宝一十二……四曰西王母白环二枚，所在处，外国归服。

（六）西王母使者

从《山海经》"有三青鸟，为西王母取食"的记载，又衍成若干西王母使者的故事，由于原文"三青鸟"的限定，所以这一些故事中的使者也总离不了"鸟"。

三青鸟在司马相如《大人赋》中拧成三足乌：

吾今日乃睹西王母，皬然白首，戴胜而穴处兮，亦幸有三足乌为之使。

《汉武故事》把她作个别的描写：

七月七日，上于承华殿斋正中，忽有一青鸟从西方来，集殿前，上问东方朔，朔曰："此西王母欲来也。"有顷，王母至，有二青鸟如乌，夹侍王母。

所以说"如乌"是因为司马相如先说成三足乌，又不敢撇去《山海经》的根据，只好取折中办法，两面俱到，说成"二青鸟如乌"了。《续齐谐记》把使者摇身一变，成为黄雀，反正颜色虽改，到底还离不了"鸟"根。

弘农杨宝，性慈爱，年九岁，至华阴山，见一黄雀为鸱枭所博，逐树下，伤瘢甚多，宛转复为蝼蚁所困。宝怀之以归，置诸梁上，夜闻啼声甚切，亲自照视，为蚊所啮，乃移置巾箱中，啖以黄花，逮十余日，毛羽成，飞翔，朝去暮来，宿巾箱中，如此积年。忽与群雀俱来，哀鸣绕堂，数日乃去。是夕，宝三更读书，有梦黄衣童子曰："我王母使者，昔使蓬莱，为鸱枭所博，蒙君之仁爱见救，今当受赐南海。"别以四白玉环与之曰："令君子孙洁白，且从登三公，事如此环矣。"宝之孝大闻天下，名位日降。子震，震生秉，秉生彪，四世名公。及震葬时，有大鸟降，人皆谓真孝报也。

《汉武帝内传》又把她人格化：

四月戊辰，帝闲居承华殿，东方朔、董仲舒在侧，忽见一女子着青衣，美丽非常，帝愕然问之，女对曰："我墉宫玉女王子登也，乃为王母所使，从昆仑山来。"……言讫，玉女忽不知所往。

帝问东方朔此何人？朔曰：是西王母紫兰宫玉女，常传使命，往来扶桑。出入灵州、交关、常阳，传言元都阿母，昔出配北烛仙人，近又召还，使领命禄，真灵宫也。(《说郛》本)

这一故事也极为晋唐词人所爱好，常被引用在他们的作品中，陶潜《读山海经》：

翩翩三青鸟，毛色奇可怜。
朝为王母使，暮归三危山。
我欲因此鸟，具向王母言，
在世无所须，唯酒与长年。

李贺《锦囊外集》：

昆仑使者无消息，茂陵烟树生愁色。
金盘玉露自淋漓，元气茫茫收不得。
麒麟背上石文裂，虬龙鳞下红枝折。
何处偏伤万国心，中天夜久高明月。

李白《寓言》：

遥裔双彩凤，婉娈三青禽。
往还瑶台里，鸣舞玉山岑。
以欢秦娥意，复得王母心。
区区精卫鸟，衔木空哀吟。

甚至在视为正经大事的对策文中也习用这一典故，骆宾王《对策文》：

玉垒变苌宏之血，金阙化浮丘之灵，固能目睹桑田，来作西王之使，魂游蒿里，还为北帝之臣。

王母的另一使者是兽——白虎。在我们读了《山海经》以后，再读《汉武内传》或《十洲记》这一类的记载，这两者间外貌描写的悬殊，实在太使我们惊异不止。杜光庭先生看穿了这矛盾，很巧妙地用"偷梁换柱"的方法把它弥缝过去，他说，《尔雅》云："王母蓬发戴胜，虎齿善啸者，此乃王母之使，金方白虎之神，非王母之真形也。"

假使我们留心检讨一下，便不能不佩服他的高明主意，《国语·晋语》二：

虢公梦在庙，有神人面白毛虎爪，执钺立于西阿，公惧而走，神曰："无走！"帝命曰："使晋袭于虎门。"公拜稽首，觉，召史嚚占

西王母的传说　197

之,对曰:"如君之言,则蓐收也,天之刑神也,天事官成。"公使囚之,且使国人贺梦。

所谓"天之刑神",即是《山海经·西山经》:"司天之厉及五残。"所谓"有神人面白毛虎爪,执钺"和"如人,豹尾虎齿,戴胜"或"有神人,尔身有文,白尾"也没有多大的不同,因此他在后文就于不知不觉中插入:

又数年,王母遣使白虎之神,乘白虎,集帝之庭,授以地图。(《说郛》一○三;汉桓骃《西王母传》,《道藏·洞神部·谱箓类》,唐杜光庭《墉城集仙录·金母元君》)

这一段,把西王母的原来形象移交给其使者,于是西王母的女性的美丽便永远地和《山海经》分家了。

(七)西王母的装饰

西王母的装饰品,也跟着她的性别和外貌的衍变而变化,在《山海经》中她的装饰很简单、粗陋,《西山经》说:

其状如人,豹尾虎齿而善啸,蓬发戴胜。

《海内北经》说：

西王母梯几而戴胜。

《大荒西经》也说：

有人戴胜虎齿豹尾穴处，名曰西王母。

把上面的描写综合起来，是：

1. 戴胜；
2. 蓬发；
3. 豹尾；
4. 虎齿；
5. 梯几；
6. 穴处。

关于3、4、5、6，以后另有专文讨论，此地所要说的是戴胜和蓬发。在较早的作品中，司马相如《大人赋》：

皬然白首，戴胜而穴处。

还保存着原来的意味，所不同的是使它老年化——"皬然白首"四字的形容。《帝王世纪》：

西王母的传说　199

昆仑之北，玉山之神，人身虎面，豹尾蓬头。

把"如人"衍成"人身"，"虎齿"衍成"虎面"，《列仙传》：

王母者神人也，人面蓬头发，虎牙豹尾，善啸，穴居，名西王母。

王母又恢复到"人面"了，《轩辕黄帝传》采《大人赋》之说：

虎首豹尾，蓬头戴胜，颢然白首，善啸，石城金台而穴居。

于是"人面"又变成"虎头"了，所谓"胜"到底是什么东西呢？胜即䳺。《礼记》：

季春之月……鸣鸠拂其羽，戴胜降于桑。

注谓织纴。䳺之鸟案《尔雅》作"戴䳺"，陆机《诗疏》：

戴䳺，䳺即首上胜也，头上尾起，故曰戴胜。

胜是鸟头上的䳺，西王母戴胜，不过是头上长了一个䳺，一个介于兽和禽之间的生物而已。䳺在鸟头上是一件很美的装饰品，后人取其意为簪，《后汉书·舆服志》：

簪以玳瑁为擿，长一尺，端为华胜。

又有金胜，含有神秘的意义，《宋书·符瑞志》：

金胜，国平盗贼，四夷宾服则出。
晋穆帝永和元年二月，春谷民得金胜一枚，长五寸，状如织胜。

有玉胜，《南史·齐高昭刘皇后传》：

后母桓氏梦吞玉胜生后。

也是女人的装饰品，刘孝威《赋得香出衣诗》：

香缨麝带缝金缕，琼花五胜缀珠徽。

《艺文类聚》四引贾充《典戒》："人日造华胜相遗，象瑞图金胜之形，又象西王母戴胜也。"《荆楚岁时记》据此者以为："华胜起于晋代，见贾充……"到了西王母的故事渗入了神仙家、方士家气味以后，西王母已女道士化，所以《真诰》就说：

女真已笄者亦戴冠，惟西王母首戴玉胜。

西王母的传说　201

《太平御览》卷六七八引《集仙录》：

> 西王母居昆仑墉台，别治白玉龟山，青琳之宫，朱紫之房，首戴华胜，腰佩虎章，葆盖沓映，羽旌荫庭。

《道学传》的形容就较复杂了，他以为："西母结大华之髻，戴太真晨缨之冠，履元琼凤文之舄。"不但不蓬发而且有髻，有冠，不但没有豹尾而且穿舄。《博物志·史补》别出心裁：

> 王母乘紫云车而至于殿西，南面东向，头上太华髻，青气郁郁如云，有三青鸟如乌大，立侍母旁。

新鲜是比较新鲜，可惜缺少根据，以致不为其他作家所采用，《尚书帝验期》写她：

> 王母……驾九色斑龙，带天真之策，佩金刚灵玺，衣黄锦之服，金光奕奕，结飞云文绶，戴太真晨缨之冠，蹑方琼凤文之履。

在冠履之外，又有策、玺、锦服、文绶，很配做一个女仙领袖了。《汉武帝内传》：

> 王母上殿东向坐，著黄金褡襡，文采鲜明，光仪淑穆。带灵飞大绶，腰佩分景之剑，头上泰华髻，戴太真晨缨之冠，履元璃凤文之舄。

又多上黄金褡襼、分景之剑。《说郛·西王母传》拉拉杂杂把一切东西都装了进去：

　　王母乘紫云之辇，驾九色班麟，带天真之策，佩金刚灵玺，衣黄锦之服，文采鲜明，金光奕奕。腰分景之剑，结飞云大绶，头上大华髻，戴太真晨缨之冠，蹑方琼凤文之履。

西王母的装饰，这才算是到了尽善尽美的地步，永远不用再想空心思去替她打扮了。

　　《拾遗记》写西王母，却又另外有一种排场，专从起居侍从饮食上下功夫：

　　西王母乘翠凤之辇而来，前导以文虎、文豹，后列雕麟、紫麋，曳丹玉之履，敷碧蒲之席，黄莞之荐，共玉帐高会。

　　都太富丽堂皇了，如和唐人小说中所叙述的张丽华、杨贵妃一比较，除去非人间的事物和标题，我们可以担保绝不能清楚地指明谁是张丽华，谁是杨贵妃，谁是西王母。

原载《清华周刊》第37卷第1期

西王母与牛郎织女的故事

渐渐的,西王母与东王公所指示的含义逐步趋于具体化,成为另一有名的故事,这故事可以分成两部分叙述,一部分是无聊的道士或文人把他俩拉来作为两个神仙的领袖——男仙和女仙的统治者的神话。另一部分则继承着原来的意义,美丽而又带着感伤性地使之成为一有诗意的故事,由这故事又衍变成为牛郎织女的悲剧的传说。

东王公的故事,散见于下列各书:

东荒山中有大石室,东王公居焉。长一丈,头发皓白,人形鸟面而虎尾,戴一黑熊,左右顾望,恒与一玉女投壶,每投千二百矫,设有入不出者,天为之嘔嘘,矫出而脱误不出者,天为之笑。(《神异经·东荒经》)

扶桑在东海之东岸……在碧海之中,地方万里,上有太帝宫,太

真东王父所治处。(《海内十洲记》)

扶桑在碧海中,上有天帝宫,东王公所治,有椹树长数千丈,二千围,两两同根,更相依倚,故曰扶桑。仙人食其椹,椹体作金色,其树虽大,椹如中夏桑椹也。稀而色赤,九千岁一生实耳,味甘香。(《太平御览》九五五引《十洲记》)

东王公讳倪,字君明,天下未有人民时,秩二万六千石,佩杂色绶,绶长六丈六尺,从女九千,以丁亥日死。(《酉阳杂俎》十四《诺皋记》)

东王父姓无为字君解。(《老君枕中经》)

在以上的五条,可以看出东王公个体的衍变。在最初东王公的意义就等于不可知而又有意识的天——天以他的喜愠为笑。发白,人形鸟面,虎尾戴戗,这形态显然是蜕源于《山海经》中的西王母,到了第二期东王公已成为处东海大帝或天帝宫中的天帝,享受着适意而又超人的生活,最后聪明的道士们觉得按着尘世的习尚,总该有一个名和字,该替他添上爵禄和侍从,也应该死(是否重生?未有说明)。他们便这样照办了。

在道教的神仙的统系中,西王母和东王公是神仙中的权威者,他们的地位等于尘世的君主,或且上之。

西王母者……乃西华之至妙,洞阴之至尊。在昔道气凝结,湛体无为,将欲启迪玄功,生化万物,先以东华至真之气,化而生木公。木公生于碧海之上,芬灵之墟,以主阳和之气,理于东方,亦号曰东

西王母的传说

王公焉。又以西华至妙之气，化而生金母。金母生于神洲伊川，厥姓缑氏，生而飞翔，以主阴灵之气，理于西方，亦号西王母。皆质挺大无，毓神玄奥，于西方渺茫之中，分大道醇精之气，结气成形，与东王公共理二气，而育养天地，陶钧万物矣。体柔顺之本，为阴极之元，位配西方，母养群品，天上地下，三界十方，女子之登仙得道者，咸所隶焉。（汉桓骥《西王母传》）

天地之本者道也，运道之用者圣也，圣之品次，真人、仙人也。其有禀气成真，不修而得道者，木公、金母是也，盖二气之祖，宗阴阳之原，本仙真之主宰，造化之元先。（《历世真仙体道通鉴》后集卷二）

汉初有四五小儿，路上划地戏，一儿歌曰："着青裙，入天门，揖金母，拜木公。"时人莫知之，唯张子房知之，乃往再拜，此乃东王公之玉童也。所谓金母者，西王母也，木公者，东王公也。仙人拜木公，揖金母。（《丹台新录》）

道士们自以为是一件了不得的光荣事，把西王母和东王公从《山海经》的半人半兽的形态中，提高到阴阳二气的结晶物，并且把"共理二气，育养天地"的大头衔送给他们。其实这不过是一件还原的工作，把他们仍旧送还给生殖器崇拜时代而给还原有的意义而已。在另外一方面的成绩，是把他们变化为更世俗化的仙人君长，前者管阳性的，后者管阴性的，仍旧逃不出原始所给予的意义的范围。道士们玩这把戏的根据是：

立东郊以祭阳名曰东王公，立西郊以祭阴名曰西王母。(《吴越春秋·勾践阴谋外传》)

扶桑大帝东王公，号曰元阳父……太真西王母，是西汉夫人。天皇受号十三头。后生地皇。(《书隐丛说》引葛洪《枕中书》)

西王母和东王公既然如此铢两悉称，且又恰巧代表着阴阳两性，按照世俗的成见，是应该替他们结婚——也许他们本已结婚也说不定，不过总无明文——于是就有人替他们拉拢，结合。

东方朔游吉云之地，越扶桑之东，得神马一匹，高九尺，股里有旋毛如日月之状，如月者夜光，如日者昼光，毛色随四时之变，汉朝之马见之即垂头振毛，一国众兽，见皆避之。帝问东方朔："此何兽也？"朔曰："昔西王母乘灵光之辇以适东王公之舍，税此马于芝田，及食芝草，王公怒，弃于青津天岸。臣至王公之坛，因骑而返。绕日三匝，此马入汉关，关犹未掩，臣于马上睡眠，不觉遂至。"帝曰："其马名云何？"朔曰："因事为名，则步景。"(《洞冥记》)

昆仑之山有铜柱焉。其高入天，所谓天之柱也。围三千里，周回如削，下有回屋，方白丈，仙人九府治之。上有大鸟，名曰希有，南向张左翼覆东王公，右翼覆西王母，背上小处无羽一万九千里，西王母岁登翼上会东王公也。其鸟铭曰："有鸟希有，碌赤皇皇，不鸣不食，东覆东王公，右覆西王母。王母既东，登之自通。阴阳相须，唯会益工。"(《神异经·中荒经》)

西王母的传说　207

在《洞冥记》中的西王母和东王公的关系还不十分明显，可是两者间的晤面，此往彼来，似乎是很密切而又很随意的。可是在《神异经》中，却就不同了，所谓"阴阳相须，唯会益工"的关系虽已指明，不过"岁登翼上会东王公"，似乎晤面的期间又受某种限度的制裁了。

从《神异经》所述的这一段故事，又衍变成为牛郎织女的故事，也或许牛郎织女的故事产生更在《神异经》成书以前，《神异经》所述的即系受其暗示？不过无论如何，这两个故事有相互的、错综的密切关系，前一故事由后一故事衍变而成，或反之，这是无可否认的。

现在我们先来考察一下牛郎织女故事的组织过程。

汉武帝作昆明池，武帝崩后，于池中养鱼以给诸陵祠，余付长安市。池有二石人，如牵牛织女像。（《三辅故事》）

《关辅古语》曰："昆明池中有二石人，立牵牛、织女于池之东西，以象天河。"张衡《西京赋》曰："昆明灵沼，黑水玄址……牵牛立其左，织女处其右。"今有石丈、石婆神祠在废池，疑此是也。（《三辅黄图》卷四）

假如是可信的话，那可以说在西汉时已经有了牵牛织女的故事，并且这故事的组织已和后来的大致相仿了。

牵牛和织女都是星名：

七月……汉案户……初昏织女正东乡。（《夏小正》）

天河之东，有星微微，在氐之下，谓之织女。(《焦林大斗记》)

织女为处女。(《左传·昭公十年》)

跂彼织女，终日七襄。(《诗·大东》)

传云襄反也，笺云驾也，驾谓更其肆也。从旦暮七辰一移，因谓之七襄。

河鼓三星在牵牛北，主军鼓，盖天子三将军也。中央大星大将军，其南左星左将军，其北右星右将军，所以备关梁而拒难也……昔传牵牛织女七月七日相见者，则此是也。故《尔雅》云："河鼓谓之牵牛。"又古歌云："东飞伯劳西飞燕，黄姑织女时相见。"其黄姑者即此是也，为吴音转而讹然。(《大象列星图》)

织女星从旦暮七辰一移，所以后来牛郎织女的故事便衍变成每年七月一会，《三辅黄图》说，"渭水贯都，以象天河，横桥南渡，以法牵牛"。由此可知在未和西王母与东王公的故事混合以前，七夕相会是牵牛渡河。到了混合以后，"西王母岁登翼上会东王公。"便成为织女岁渡河会牵牛了。牵牛织女也都有姓名：

牵牛，神名略。(《春秋运斗枢》)

牵牛，名天关。(《星经》)

织女，神名收阴。(《佐助期》)

织女又是帝女：

河鼓大星，上将……其北织女，织女，天女孙也。(《汉书·天文志》)

织女三星，在天纪东端，天女也。(《晋书·天文志》)

牵牛织女是天上的一对夫妇：

牵牛为夫，织女为妇，织女、牵牛之星各处一旁，七月七日乃得一会。(曹植《九咏》)

为着某种罪过，天帝罚令每年只能在规定的这一日相会一次，这罪过有几种不同的说法。第一说是废织：

天河之东有织女，天帝之子也。年年织杼劳役，织成云锦天衣。天帝怜其独处，许嫁河西牵牛郎，嫁后遂废织衽。天帝怒，责令归河东，使其一年一度相会。(《荆楚岁时记》)

第二说是债务的关系：

牵牛星，荆州呼为河鼓，主关梁，织女星主瓜果，尝见《道书》云："牵牛娶织女，取天帝钱二万备礼，久而不还，被驱在营室"是也。(《日纬书》)

在这一说中天帝和牵牛并无翁婿的关系,和织女无父女的关系。第三说是由于附会:

> 桂阳成武丁有仙道,常在人间,忽谓其弟曰:"七月七日,织女当渡河,诸仙悉还宫,吾向已被召,不得停,与尔别矣。"弟问曰:"织女何事渡河?去当何还?"曰:"织女暂诣牵牛,吾后三年当还。"明日失武丁。至今云织女嫁牵牛。(《续齐谐记》)

以上三种不同的解释,都是荆楚一带的民间传说。在同一地点有这样的情形发生,由此可知在其余的地方也必有若干不同的传说在流播,只是到了后来,故事的形式一经凝固以后,某一传说较占势力成为正统。其余不相干的便被逐渐淘汰了。

二星相会的时候,是乘鹊渡河的:

乌鹊填河成桥而渡织女。(《六帖》引《淮南子》,按今本无)
鹊一名神女,俗云七月填河成桥。(马缟《中华古今注》)
织女七夕当渡河,使鹊为桥。(《岁华纪丽》引《风俗通》)

七月七日是古代一个很有意思的日子,这日子我们须记得是王子晋见于缑山的一日,是汉武帝的生日,也是西王母降汉宫的日子。在牛女的故事中,便由七襄衍成七月,加入了西王母和东王公的故事以后便正式继承为七月七日。另一方面把西王母岁登翼上会东王公的大鸟,背上小处无羽一万九千里的希有,因袭缩小成为无数的乌鹊。由

西王母的传说　211

漫无规束的岁登，经合并后成为严格的一年一度的七月七日，由其大无朋的希有衍变成鹊桥相会。这是两个故事合并后的成绩，也是牛女的故事的形式上的新发展和形成。

在这一天晚上，民间举行着一种乞巧的仪式，当作一年一度的佳节。

七月七日，牵牛、织女会天河。(傅玄《拟天问》)

七月七日，为牵牛、织女聚会之夕。是夕，人家妇女结绨缕，穿七孔针，或以金银鍮石为针，陈瓜果于中庭以乞巧，有喜子网于瓜上，则以为符应。(《荆楚岁时记》)

七月七日，曝经书，设酒脯时果，散香粉于筵上，祈请于河鼓织女，言此二星辰当会，守夜者咸怀私愿，或云，天汉中有奕奕白正白气，如地河之波辉，辉有光耀五色，以此为征应，见者便拜乞愿，三年乃得。(《四民月令》)

汉彩女常以七月七日穿针于开襟楼，俱以习之。(《西京杂记》)

齐武帝起层城观，七月七日，宫人多登之穿针，世谓之穿针楼。(《舆地志》)

世传窦后少小头秃，不为家人所齿。七月七日夜，人皆看织女，独不许后出，有光照室，为后之瑞。(《荆楚岁时记》引《世王传》)

关于牛女相会的天河，前人也有过记载。

旧说云天河与海通，近世有人居海渚者，年年八月有浮槎去来，不失期。人有奇志，立飞阁于槎上，多赍粮，乘槎而去……忽忽，亦不觉昼夜，去十余日，奄至一处，有城郭状，屋舍甚严。遥望室中多织妇，见一丈夫牵牛渚次饮之，牵牛人乃惊问曰："何由至此？"此人具说来意，并问此是何处？答曰："君可诣蜀严君平。"此人还问君平。君平曰："某年月日有客星犯牵牛宿"。计年月，正是此人到天河之时。（《博物志》）

昔有一人寻河源，见妇人浣纱以问之，曰：'此天河也。'乃与一石而归，问严君平，云此织女支机石也。（《集林》）

并且在贵族、士大夫阶级一方，这故事也普遍被尊重。试把这时代的几个作家的关于七夕的诗择要抄在下面一看：

迢迢牵牛星，皎皎河汉女。纤纤擢素手，札札弄机杼。终日不成章，泣涕零如雨。河汉清且浅，相去复几许？盈盈一水间，脉脉不得语！（《古诗·迢迢牵牛星》）

朗月垂玄景，洪汉截皓苍。牵牛难牵牛，织女守空箱。河广尚可越，怨此汉无梁。（晋李充《七月七日诗》）

织女思北沚，牵牛叹南阳。时来嘉庆集，整驾巾玉箱。琼珮垂藻蕤，雾裾结云裳。金翠耀华辖，軿辕散流芳。释辔紫微庭，解衿碧琳堂。欢宴未及究，晨晖照扶桑。仙童唱清道，盘螭起腾骧。怅怅一宵促，迟迟别日长。（晋苏彦《七月七日咏织女诗》）

白日倾晚照，弦月升初光。炫炫叶露满，肃肃庭风扬。瞻言媚天汉，幽期济河梁。服箱从奔轺，纴绮阙成章。解带遽回轸，谁云秋夜

西王母的传说　213

长？爱聚双情款，念离两心伤。(宋孝武帝《七夕》)

此外宋谢惠连有《七月七日夜咏牛女诗》，梁庾肩吾有《七夕诗》，刘孝威有《咏织女诗》，何逊有《七夕诗》，北齐邢子才有《七夕诗》，杜甫有《牵牛织女》诗，李商隐有《辛未七夕》诗……

由以上所引，我们可以知道牵牛织女的故事，在时间上是从汉晋到南北朝以至隋唐，很普遍为一切人所传说。如就横的一方面说，则得到一个南北朝的作品数量最多的统计结果，换句话说就是南北朝是这故事传播最广、最普遍，在质、表两方面，也在这时最后完成的一个时代。

假如我们把中国所有历史上的诗人的作品，和他们的题材拿来统计一下，我们可以下一个结论，假使一个诗人不曾以牛女的故事为对象而描写过，那是很少有，甚至几乎不可能的事。每一个人都把他自己的忧郁和想象，冀图在如此美丽的一个故事上发泄，寄托出他自己内心的感情，造成更美丽、更有意义的词句来娱乐自己。因此这故事便因为各人环境和感情的不同，在文学上，被表现的方式亦复衍成各个不同的面貌。但是在表面上虽然有很大的差异，而它原来的性质和意义却绝未因此而改变，换言之，这故事的永远悲剧式的成分和阴阳性的代表意义是始终被保存着的。

现在，总结以上所叙述的，关于牛女的故事形成的过程，依顺序列表如下：

1. 最初牵牛和织女都是星名，一在天河东，一在天河西。

2. 河鼓一名牵牛，吴音讹为黄姑，是主大将军鼓的星，织女星则主瓜果。

3. 牛女两星，隔河相望，汉代有牵牛渡河会织女的故事，到渗入了西王母的故事的成分以后便变成织女渡河会牵牛了。

4. 由于命名的意义的附会，牵牛渐渐衍变成为牧童，织女成为帝女。

5. 由牧童、织女的两性标识，产生天帝许婚和废织被罚的故事。

6. 由七襄限定牛女的会期在七月，由西王母七月七日降汉宫和当时对七月七日的好尚，西王母和东王公的故事在本质上大体和牛女的故事相同，因之两者自然地结合为一，而把"西王母岁登翼上会东王公"严格地衍变成为一年一度的七月七日的相会。

7. 从西王母和东王公的故事中的希有，衍变成牛女故事中的鹊桥相会。

8. 在另一方面，间隔牛女的天河，又被附会成客星乘槎和支机石的故事，肯定了牛女的人世化的表面职业。

由于牛女二星的运行和名义，被解释成为牧童、织女的恋爱故事，这在以上的引证，我们已经知道这故事是如何为若干年来的文人学士所爱好了。可是在另一方面，这故事也同样为农民社会所欢迎，理由是牧童、织女全是属于他们自己的这一阶级的缘故。因为如此，牛郎、织女被形成具体化人格化的牧童、织妇，不能再和原来所继承的东王公和西王母做形式上的调和，而永远分离自成一独立的故事。

在西王母这一方面，经过这一番融会和分离以后，所留下的残迹是容纳了织女是帝女的传说，甚至在和牛女的故事分开以后，"西王母,天帝之女也"这一痕迹依旧被永远保存着,关于这一点我们将在另一章中做详细的说明。

原载《文学月刊》第 3 卷第 1 期

第六讲

水的神话

陈梦家

《山海经》中关于水旱神有二，一是应龙，一是女魃。

陈梦家 （1911—1966） 西南联大中文系教授

浙江上虞人，生于南京。中国现代著名古文字学家、考古学家、诗人。曾在青岛大学、燕京大学、西南联合大学、美国芝加哥大学、清华大学等地任教，后任中国科学院考古研究所研究员、《考古学报》编委、《考古通讯》副主编等职。著有学术研究专著《殷墟卜辞综述》《老子分释》《尚书通论》《汉简缀述》及诗集《梦家诗集》《不开花的春》《铁马集》等。

水虫与治水者

《山海经》中关于水旱神有二，一是应龙，一是女魃：

应龙处南极，杀蚩尤与夸父，不得复上，故下数旱，旱而为应龙之状，乃得大雨。(注："今之土龙本此。")(《大荒东经》)

后土生信，信生夸父，夸父不量力，欲追日景，逮之于禺谷，将饮河而不足也，将走大泽，未至，死于此。应龙已杀蚩尤，又杀夸父，乃去南方处之，故南方多雨。(《大荒北经》)

有人衣青衣曰黄帝女魃。蚩尤作兵伐黄帝，黄帝乃令应龙攻冀州之野，应龙畜水，蚩尤请风伯、雨师纵大风雨，黄帝乃下天女曰魃，雨止，杀蚩尤，魃不得复上，所居不雨。(同上)

以上属同一神话系统，魃与应龙之事略同，乃同一神话的分衍。

此神话解答三事：1. 地下多旱，因为应龙、女魃是降世的旱神，所居不雨；2. 南方多雨，因为应龙所处（与一相反）；3. 后代以土龙象应龙之状，乃得大雨，因应龙畜水为水神。

《广雅·释鱼》说龙有翼曰应龙[①]，蚩尤是修蛇，故应龙与之战，《易·坤》上六"龙战于野，其血玄黄"即其事。又《天问》"应龙何画，河海何历？"王注"禹治洪水时，有神龙以尾画地，导水径所当决者，因而治之也"，洪注引《山海经》图曰"夏禹治水，有应龙以尾画地，即水泉流通"，《易林》大壮之鼎"长尾蛜蛇，画地成河"，皆言应龙长尾，画地成河，或导水径所当决者；其表面虽为助禹治水，其实表示应龙尾画处即决为河流，应龙者，一种攻堤决河的水虫，而尊之曰神。案《易林》因之坎"委蛇循河，至北海涯，涉历要荒，在世无它"，《易林》两言委蛇皆指应龙，《庄子·达生》"食之以委蛇"，《释文》引司马彪注"泥鳅也"，今之治河者每患泥鳅攻岸，此泥鳅古人名曰应龙，故班固答宾戏"故夫泥蟠而天飞者，应龙之神也"，应龙天飞，即《易·乾》之"飞龙在天""或跃在渊"，盖鱼类有翅，亦可跃飞；答宾戏之"应龙潜于潢污"，即《易·乾》之"潜龙勿用"；而治河工者言，泥鳅攻岸必以群，即《易·乾》之"群龙无首"。应龙为委蛇为泥鳅，而蚩尤亦是委蛇，应龙与蚩尤乃同类的"以夷制夷"之战，故应龙畜水，蚩尤能兴风雨也。

《淮南·说山》"若为土龙求雨"，《地形》"土龙致雨"，皆是象应龙之形以求雨，《春秋繁露·求雨》篇于祀土龙外，更祀虾蟆，其春夏

[①] 郭注《大荒东经》"应龙，龙有翼者也"，《淮南子·览冥》高注"一说应龙有翼之龙也"。

求雨皆"取五虾蟆错置社之中"而祀之，并凿池以容之，此虾蟆究竟为何？虾蟆之名甚繁，或为单语或为复语：其单语曰黽（蛙）曰鼃曰䵷曰鼀曰鼁曰蝈（均见《说文》黽部、虫部），其声变而不离舌根 K，其韵变而不离于阴收声；其复语复分二系：（1）K-L-系。曰苦蠪（《广雅·释鱼》），曰鮭蠪（《管子·水地》），曰崎蠪（《广韵》），曰蝼蝈（《月令》），而《庄子·达生》"东北方之下者，倍阿鮭蠪跃之"，《释文》"鮭本亦作蛙"，鮭蠪、倍阿皆神名；（2）K-M-系。曰戚鼀（《说文》引《诗·新台》），曰蛙黽（《周礼·蝈氏》），曰耿黽（同上郑注），曰胡蜢（《广雅·释鱼》），曰去蚥（《尔雅》郭注引《淮南》），曰去蚁（《广雅·释鱼》），曰去甫（《名医别录》），曰螜蟆（《尔雅·释虫》），曰虾蟆。

《名医别录》"虾蟆，一名蟾蜍，一名鼀"，鼀之音与秋同[①]，而鼀者实即卜辞之𪓿（以下用 K 代之）[②]：K 于卜辞假作春秋之秋，其字正象鼀或虾蟆之形，《广雅·释鱼》"有角曰鼀龙"，《说文》曰"蝇，面属，头有两角，出辽东"，萌蝇皆即 K 字，从黽不误[③]。卜辞 K 字有角，而虾蟆亦有角：《太平御览》（九四九）引《玄中记》"蟾诸头生角"，又引《抱朴子》"蟾诸三千岁者头上有角"，《图书集成》蟾蜍部引陆机《要览》"万岁蟾蜍头上有角"，蟾蜍即虾蟆也。

卜辞祀 K，并祀生 K，是商人亦祀虾蟆。鼀若 K 或名黽龙若苦蠪，

---

① 《尔雅·释鱼》《释文》"鼀音秋"，郭注《东山经》"鰍音秋"，《释名·释天》"秋，緧也"。
② 《甲骨文编》列入附录23页。
③ 又从龟，《万象名义》鼀从龟，《篇海》"𪓿音勾，龟类"，亦即是蝇。

苦蚩转音为勾龙，《左传·昭公二十九年》"共工氏有子曰勾龙""勾龙为后土"，故《繁露》祀虾蟆于社之中，即祀勾龙于社中也[①]。卜辞 K 字除假作"今秋"之秋外，其他之辞列下：

（1）K 为生物——即虾蟆

庚戌卜㞢（又）K。（林 2.18.3）

多 K。（拾 7.3）

……K 至，四月。（前 4.5.5，林 2.18.4）

𠀁……K……再至商，六月。（林 2.15.9）

戊戌卜𣪠贞弜祀六来 K。（佚 991）

庚辰贞其卑 K……（明氏藏骨，见图 1）

[①] 《左传·昭公二十八年》"重为勾芒"，勾芒疑即虾蟆，一名胡蜢之转，然则勾龙、勾芒乃一事之分衍耳。

图1

又 K、K 至，谓有蛙、蛙至也，《夏小正》"四月鸣蜮（即蛙）"，《月令》"孟夏蝼蝈鸣"，蛙兴于春夏，与卜辞四月六月蛙至合。祀六来 K 犹卜辞言"来象三"，祀六 K 犹《繁露》置五虾蟆于社池而祀之。其宁 K 者，卜辞宁有止义，止 K 即止蛙，《周礼·蝈氏》"掌去蛙黾"，注云："齐鲁之间谓蛙为蝈，黾，耿黾。蝈与耿黾尤怒鸣聒人耳，去之。"

（2）K 为勾龙

帝（禘）K 于凵于社。（契592）

庚戌卜贞㞢疚，K 隹帝（禘），令侁。（前5.25.1）

水的神话　223

K隹夒。(拾7.3)

弜㞢帝K。壬子贞㞢帝K。壬□□㞢K于……(明氏大骨,见图2)

帝K即禘勾龙,禘勾龙于社,犹《繁露》祀虾蟆于社也。

(3)告秋——或告蛾

丁巳告K于西邑,七月。(林2.18.2)

甲申卜贞告K于河。(佚525)

弜告K于上甲。(明氏大骨,见图2)

其舀告K……(明氏藏骨)

图2

告K者，告秋也，告秋熟也，犹卜辞之"告麦"。又疑K假作蜮，《蝈氏》序官郑司农云"蝈读为蜮，蜮，虾蟆也"，是告K即告蜮，蜮者灾也、惑也：《左传·庄公十八年》"秋有蜮，为灾也"，《公羊》曰"记异也"注"蜮之言惑也"。又《说文》"蜮，短狐也，似鳖三足"，而《御览》（九五〇）引《韩诗外传》"短狐，水神也"，《诗·何人斯》"为鬼为蜮"，《文选·东京赋》注引《汉旧仪》"魊，鬼也，魊与蜮古字通"，是蜮为水虫为水神为鬼。

以上所述，为求雨时所祀的两个神，本出自两个水虫：一是泥鳅，转为应龙，为水旱神，为龙王，为帝俊子，《大荒东经》"帝俊生晏龙"，应、晏同音相假；一是虾蟆（即K，即䴏），转为勾龙，为后土，为社神，为共工氏之子。虾蟆与泥鳅，不但同类，或者还是同物[①]，它们皆是水虫而皆赐龙名，故曰苦蛋（龙）；又为鼋属，故曰蛙鼋；可知龙者就是水虫鼋属的一种神号，故《易经》"见龙在田"就是田䴏在田之谓也。《尔雅·释鱼》说蛙䴏在水者为鼋，我依据应龙、勾龙之由水虫而水神，疑冥即鼋的化身[②]：

---

① 卜辞K除象有角外，且丁项上山翼（拾7.3、前4.53、6.51.3、林2.18.2、2.26.13、铁153.2、佚139、525诸片），而应龙是有翼者，是卜辞䴏龙与应龙皆有翼；又应龙是泥鳅，而䴏与鳅同从酋，是K亦泥鳅；又《抱朴子》曰"蚪（即K）其状鱼身如蛇"，即泥鳅之状；然则应龙即䴏龙。但细审卜辞K字象形，近蛙不近鳅，似二者虽属同类，亦小有差别。

② 此以冥为鼋，不过一种假设，卜辞王亥或作王骇，故疑亥是骇的假借。然若舍去此条，则王亥的亥象野豕形，《尔雅·释兽》"豕四蹄皆白曰豥"，又《广雅·释兽》"㹗，豚也"，《玉篇》"㹗，小豚也"，冥为王亥之父，父子皆以豕名，犹鲧、禹皆以鱼名。

〔水虫〕	〔求雨时所祀〕	〔神名〕	〔职司〕	〔天王〕	〔帝王〕
泥鳅	龙（土龙）	应龙	水/旱神	龙王	帝俊之子晏龙
蟁蛙	蟁（虾蟆）	勾龙	后土	社神	共工氏之子勾龙
黾	黾属	冥(玄冥)	水正		帝喾六世孙冥

《竹书纪年》"冥治河"，《鲁语上》"冥勤其官而水死"，《祭法》同，《殷本纪》正义"宋衷曰冥为司空，勤其官死于水中，殷人郊之"，其他《淮南》《月令》《吕览》均以玄冥为水正。又商之契又作禼，禼即是蝎，《一切经音义》引（五，七，十五，二〇等卷）《广雅》"蚉，䖡，蚳，蛙，蝎也"，而《孟子·公孙丑》有蚳蛙为齐士师，是蛙或作鼁，禼、蚉一物，则禼亦蛙属，《殷本纪》"契长而佐禹治水有功"，则契亦勤于水者，故以水虫名[①]。

禹为治水有功的，故受祀于社，《淮南子·氾论》"禹劳天下，死而为社"，《论衡·祭意》篇略同。禹之事与勾龙、冥皆相合：《舜典》"伯禹作司空""平水土"，《鲁语上》共工之子"后土，能平九土"，而冥为司空，其一；句龙为社，禹亦然，其二；句龙、冥皆以水虫名，而《说文》"禹，虫也"，其三。禹者疑是鲷的假借，《天问》"鲷鯆短狐"注"鲷鯆，短狐类也"，案短狐即蜮乃蛙类；《说文》"鲷，鱼也，皮有文，出乐浪"，《司马相如传》"鲷鲐"郭璞注"鲷鱼有文采"，《魏志·东边传》云乐浪出斑鱼即鲷鱼也，禹为斑鱼之鲷，故号

[①] 《广雅·释虫》蝎一名"杜伯"，古文社作袿，省示作杢，与杜字近，故杜疑是社伯。

文命。

禹以水虫名，他的父、妻也以水虫名：《左传·昭公七年》鲧殛羽山"其神化为黄熊，入于羽渊"，《述异记》作"化为黄能"，《尔雅·释鱼》"鳖，三足能"；而《汉书·武帝纪》颜注引《淮南子》"禹治鸿水，通辕轘山，化为熊"，熊亦能之误，能为三足鳖而短狐（蜮）亦"似鳖三足"（《说文》），故禹、鲧皆为能；又鲲、鳏、鲧三字古通，而《尔雅·释鱼》鲲为鱼子[1]。禹娶涂山氏女娲，娲即娥之转音，张衡《灵宪》云："羿请不死之药于西王母，姮娥窃之以奔月筮之，是为詹诸。"[2] 而世传"常仪占月"，常仪即姮娥即娥，娥奔月为蟾蜍，蟾蜍便是虾蟆（疑蟾蜍、涂山一音之转），是禹妻也是水虫，且是求雨时所祀的（娥事详下）。

勾龙为水神，而其父共工者疑即蝃蝀也：《海外东经》"虹虹在其北，各有两首"，注"虹，蝃蝀也"，虹虹、共工，一音之转。

又有所谓黄帝者，亦禹之化身：黄帝令应龙攻蚩尤，大兴风雨，而《大荒南经》"禹攻云雨"，《大荒西经》"有禹攻共工国山"，此其一；黄帝号轩辕氏，郭沫若说轩辕即是天鼋，金文如献鼎皆署天鼋二字以为族徽，案鼋与鳖同类，此其二；黄帝号有熊氏，而禹、鲧皆有化熊之事，此其三。且所谓"黄"者乃由黄能之黄变化而来，而黄与

---

[1] 《拾遗记》："尧命夏鲧治水，九载无绩，鲧自沉于羽渊，化为玄鱼……海民于羽山之中，修玄鲧庙，四时以□祭祀，常见玄鱼蛟龙跳跃而出……"梦案鲧或作鲩，即玄鱼二字合文。

[2] 《北堂书钞》一五〇引郭璞诗："翩翩寻灵娥，眇然上奔月。"

玄色常相关及，如鲧化为黄熊，又化为玄鱼，黄帝号轩辕，轩辕即天鼋，天鼋即玄鼋；又玄冥、玄王（《诗·长发》）皆治水而有玄名，疑玄黄乃龙色，《吕览·行论》"鲧化为黄龙"，是鱼若能亦可名龙；《易》"龙战于野，其血玄黄"，是龙色为玄黄；是以黄帝、鲧、契、冥等皆为龙属（水虫）之名故皆称玄若黄也。《天问》"焉有虬龙，负熊以游"，毛奇龄、徐文靖并以为黄帝事，其实亦可谓之禹事、鲧事，亦可谓之太皞事：《帝王世纪》谓太皞蛇身人首，一号黄熊氏，太皞即帝喾也。

由上所述，知道求雨时所祀的是两种水虫，后代的土龙是仿象的水虫；又知道凡是治水的英雄都取水虫的名。以水虫为水神，基于两种原因：一基于错误的联想，以为水虫住在水中，便是统治水的；一基于事实上那些泥鳅本为患决河的害物，人对他始而恐惧，继而崇为神明，更后认他为上帝使者，以为凡泥鳅（即应龙）所画之处乃上帝预示此处要决河，好教人预备。今日的治河者，为防范泥鳅攻堤，用长杵沿堤下捣以杀之，土人对成群结队的泥鳅名之曰龙。治水有功的人，死以后尊为龙王以祀之，这个习俗至今犹存，所以古代许多治水的人也多以水虫名，即《左传·昭公十七年》所谓"共工氏以水纪，故为水师而水名；太皞氏以龙纪，故为龙师而龙名"。玄冥本是治水有功的人，其后又为水官名[1]，可知玄冥本是个治水者的"职业的绰号"，所以后代的治水之官用以名之，而同样鲧、禹、卨也是"职业

---

[1] 《左传·昭公二十九年》少皞氏有四叔，"修及熙为玄冥，世不失职"。

的绰号",而夏、商、契才是他们的名字。

  被祀的水虫与以水虫为名的治水者,在传说中已经非常混淆了,我们根据商代祀生鼃、汉代祀生虾蟆之事认为勾龙、应龙是自生物而跻入神话上的"人"与"神"的,反之鲧、禹、契、冥认为是历史上治水的人而被神话所渲染。除非我们敢确定祀龙与虾蟆乃是一种图腾的表示,现在不能将勾龙、应龙混入为治水的人,但是在神话上,他们都是受治水者差遣的。

旱神妭的改造

水神与旱神是同一神的分化,如应龙是,善的神与恶的神也是同一神的分化,如应龙、女妭同是沦落地面的旱神,为何应龙被祀,而《诗·云汉》"旱魃为虐"被指为恶鬼?又为何妭一定是女性?

神话是解释生活的,古说不能满足疑问,于是代以新说。人对于罪恶有希望可以指名斥责的需要,在急切中有不问情由、任意嫁祸的懒性,故一旦天旱,第一要想象出旱鬼的形态可以造象斥责之,第二是在人群中寻找旱神的替身,为旱魃造象,故《玉篇》引《文字指归》"女妭,秃无发,所居之处,天不雨也",《太平御览》引韦昭《毛诗答问》"旱魃眼在头上",《艺文类聚》(一〇〇)引《神异经》"南方有人长二三尺,袒身而目在顶上,走行如风,名曰魃,所见之国大旱",《魏志》"咸平五年晋阳得死魃长二尺,面顶各二目"。目在顶上或面顶各二目即四目之谓,旱鬼四目,故方相氏饰为鬼之状而为

"黄金四目",足以证傩本由求雨之祭转衍而成,详下论傩一节。求雨多用女巫,以女巫饰为旱魃之状,故转以为旱魃为女性了。

为何是秃无发,为何魃目在顶上?《左传·僖公二十一年》"夏大旱,公欲焚巫尪",杜注一说尪为巫,一说"或以为尪非巫也,瘠病之人其面上向,俗谓天哀其病,恐雨入其鼻,故为之旱,是以公欲焚之"。《檀弓下》穆公因天雨欲暴巫尪,《县子》曰"天久不雨而暴人之疾,子虐毋乃不可与?"郑注"尪者面乡天,觊天哀而雨之"。郑、杜说反,然要之天雨不雨皆在一种有瘠病之人其面目朝天,天因哀之而旱或雨,天之雨不雨在于此等人,故此等人乃成为旱魃的化身,故将此面目朝天之人认为不雨的原因,移以为旱魃的形象,故至旱时即暴此等人以象征暴旱魃也。

帝赐雨 ——上帝与先祖的分野

旱神、水神皆由天帝派遣，故赐雨之权操于上帝。

卜辞帝或称上帝，在无反证以前，我们必得承认商人的上帝是唯一的，即使周人亦然[①]。我曾举出商人的帝是降灾祸、赐福佑的主宰，他除了保佑战争以外，所降的灾祸是：（1）降堇；（2）降冎（祸）；（3）降疾；（4）降不若。降堇即是降暵，因为不雨常与降暵并言。降祸（参看《考古》五期拙作《释冎》）的祸也是属天象的，卜辞常有风雨霾为祸之文[②]，故降祸亦可谓降天灾。古人疫疠，与旱暵并举（详

[①] 金文周公簋"克奔走上下帝无终令于有周"，郭沫若读上下帝断句，以为周人有上帝下帝之分，于省吾读"克奔走上下"句，"帝无终命令于有周"句，并谓周人无称王为帝者（《考古》四期），案于说是。

[②] 铁 188.1 "风不佳祸"。上 31.14 "今日风祸"。煎 8.14.1 "今辛未大风不佳祸"。前 6.48.7 "贞霾其出祸。贞霾亡祸"。

下），故降疫亦可谓降暵。《卜通》（别二中村兽骨）"壬寅卜宾贞：若兹不雨，帝隹兹邑龙（宠）不若"（骨背略同），《库方》（134）"……雨，帝异……降兹邑，大祸"，是不雨即帝降不若。上帝所降的祸疾不若既是暵，所以反之上帝所赐的福佑就是雨，卜辞屡言"帝令雨"，金文令有赐义，故令雨即赐雨。

卜辞中"帝"是唯一降暵、降雨的主宰，然而所有求雨求年的对象是先祖（先公、先王、先妣、先正）与河岳之神而不是帝，而先祖与河岳之神也绝无降祸、降雨的权能：这是上帝与先祖间最紧要的分野。帝是自然的主宰，所以风是帝的使者，《卜通》（398）"于帝史风二犬"，所以卜辞说"帝隹癸其雨"（前3.21.3），就是帝命于癸日下雨；帝是超能力的自然之存在，所以，商的"帝"演进到周的"天"，仍不失其为自然主宰之意义[1]。商人之帝，为纯粹对自然的崇拜，其帝为普遍存在的宇宙之帝，与以色列上帝不同：摩西借用游牧的闪族人"使行大爱者"的耶和华，再掺入原在迦南地降雨赐年的农业神，变成了以色列的家族神、民族神；而商人自始即以"大公无私"的天帝为至高无上的主宰，平等地以灾祸刑罚下民，故其观念易于为异族的周人所袭用，而造成后来的"天命观念"，此观念直支配到如今，以为一切灾祸乃天意的表现，一切福佑乃天意公平的赏赐。

郭沫若根据《山海经》帝俊有天神、人王的双重资格，遂说"卜辞中的帝便是高祖夒"[2]，这论断是错的。以上我们根据卜辞本身所显

---

[1] 商人崇拜日、月、旬、山、川、蚰等自然神。
[2] 《先秦天道观念之进展》。

水的神话

示帝与先祖重大的分别,知道商人对自然的帝与血族的先祖的关系分划明白,高祖夒(即喾、舜、禹)在卜辞中仅为求雨求年的对象而从无降堇施雨的权力,他实是人王而非天帝。《山海经》虽为富有殷色彩的故籍,然在其作成时代已跻"帝俊家族"为"自然神族",此因它经过了神话的演进,与卜辞时代的商人观念已距离极遥了。

上帝与先祖除了赐雨以外,第二个不同点是绝无上帝享祭的卜辞,上帝不享祭,是上帝非可以事先祖之道事之。反之,先祖与河岳之神是同类的:(1)所受之祭大略相同;(2)皆能为祟于人;(3)先祖有配,河伯有妾,而山神亦有山婁之事[①]。河岳之神与先祖同类者,盖因河神(河伯)本是致河典的专吏与氏族而升为河之神;山神者也是氏族而演为神的,《鲁语下》"仲尼曰:'山川之云足以纪纲天下者,其守为神……'客曰:'防风氏何守也?'仲尼曰:'汪芒氏之君也,守封隅之山者也……'"河伯、山神皆为先正,故以事人之道事之。

[①]《后汉书·宋均传》:"均为九江太守,浚道县有唐、后二山,民共祠之,众巫遂取百姓男女以为公妪,岁岁改易……均下令曰:'自今以后为山婁者皆婁巫家,勿扰良民。'于是遂绝。"此与褚先生补《滑稽列传》河伯娶妇事略同。

第七讲

巫

陈梦家

巫术行为,是一种情绪的表演。

情绪的表演有二,一是舞蹈,一是呼号——诗歌。

女巫之衰

《国语·楚语下》说:"古者民神不杂,民之精爽不携贰者,而又能齐肃衷正,其知能上下比义,其圣能光远宣朗,其明能光照之,其聪能听彻之,如是则明神降之,在男曰觋,在女曰巫。"《楚语》,《说文》,《汉书·郊祀志》,《淮南·精神》注,《公羊传·隐公四年》注,《后汉书·臧洪传》注,郑注《周礼》《礼记》皆云在女曰巫,巫本为女官。古者宗教领袖即是政治领袖,而初民由女系转入男系社会,男子担任政治武力的实权,而通上下神明的圣职,犹然为女子所特有。

然读殷人卜辞,王者地位已极巩固,不但政治武力操之男子,即宗教巫术亦浸假为男子所占有。卜辞女子名字多加女旁,或称妇某[1],实为姓氏的滥觞;在所有各期卜人中,绝无一个卜人名有女旁或有其

---

[1] 参看郭沫若《古代铭刻汇考续编·甲骨臼辞研究》418页。

他方法可反证卜人有女性者,而唯求雨时的巫用女巫。故殷代卜史之职,全为男子所任,女子除少数王妃世妇抑或参与征伐,其他唯于求雨时有女巫舞雩,此在后代犹然。由是论之,商代的女巫,已仅为求雨舞雩的技艺人才,不复掌握宗教巫术的大权,至此男巫代兴,而女权旁落已极。

巫的职事

巫的职事，由其称名可得而知者有下列诸事：(1)《说文》"巫，祝也"，卜辞祝从示从兄，兄象人跽地张口而呼，或于一手画舞饰（前4.18.3，林2.25.6），故知祝者即舞者，舞即巫也。(2)巫通神明，故能察往来卜休咎，《说文》筮字从之。(3)巫又为医，故医字或从巫，而《周礼·巫马》养疾马而乘之；又《世本》《说文》均谓巫彭始作医，《海内西经》《大荒西经》均以巫咸、巫彭为神医。(4)《说文》"灵，巫也"，《九歌》王逸注"灵，巫也"，《汉书·广陵王胥传》"而楚地巫鬼"，《汉书·地理志》亦言楚"信巫鬼，重淫祠"，巫为降神明者故与鬼灵连称。(5)巫、舞一字，故巫者事舞雩。

巫的职事，由文献所记者有下列诸事：(1)《楚语下》"家为巫史"，《左传·襄公二十七年》"其祝史陈信于鬼神无愧辞"，《左传·昭公十八年》"使祝史徙主祏于周庙"，祝既是巫，故"祝史""巫史"

巫　239

皆是巫也，而史亦巫也。(2)《庄子·应帝王》"郑有神巫曰季咸，知人之生死、存亡、祸福、寿夭，期以岁月旬日，若神"(《列子·黄帝篇》略同)；《淮南·精神》"郑之神巫相壶子林，见其征"，是巫可以预卜休咎。(3)《论语》"人而无恒，不可以作巫医"，《淮南·说山》"医之用针石，巫之用精"，注"医师在男曰覡，在女曰巫"，巫医之道，于后来为持咒术移病之祝由科，《素问》"往古恬淡……邪不能深入……故可移精祝由"，王冰注"祝说病由，不劳针石，故曰祝由"，其法于咒术以外似乎与近代的精神分析治疗法相似。(4)《左传·襄公二十八年》"中行献子将伐齐，梦与历公讼……走见梗阳之巫皋"，《左传·成公十年》"晋侯梦大历被发及地……公觉，召桑田巫，言如梦"，是巫者能占梦。(5)《周礼·女巫》"旱暵则舞雩"。

由上两节所述，则巫之职事大略有五：(1)祝史；(2)预卜；(3)医；(4)占梦；(5)舞雩。卜辞卜史祝三者权分尚混合，而卜史预卜风雨休咎，又为王占梦，其事皆巫事而皆掌之于卜史。《周礼》将古之巫事分任于若干官：舞师、旄人、籥师、籥章、鞮鞻氏等为主舞之官；大卜、龟人、占人、筮人为占卜之官；占梦为占梦之官；大祝、丧祝、甸祝、诅祝为祝；司巫、男巫、女巫为巫；大史、小史为史；而方相氏为驱鬼之官：其职于古统掌于巫。

王者为群巫之长

由巫而史，而为王者的行政官吏；王者自己虽为政治领袖，同时仍为群巫之长。卜辞中常有王卜、王贞之辞，乃是王亲自卜问，或卜风雨或卜祭祀、征伐、田游。又有"王占曰"的卜辞，占即是卟（稽）[1]，其所卟者为雨启霾辉等天时之事，边鄙之事及祸疾之事，卜辞唯有王才占。卜辞说"今囗王祝"（铁75.4），是王亲祝。卜辞说"壬子卜何贞王舞又雨"（续4.24.12），是王亲舞求雨。卜辞说"丁未王贞多畏梦，亡来卲"（库1213），是王亲占所梦。凡此王兼为巫之所事，是王亦巫也。《周礼·占人》及《礼记·玉藻》说"君占体"，而卜辞常有"王占曰吉""王占曰弘吉""王占曰屮希"之语，似乎王是卜事最后的决定者。

---

[1] 详见拙著《释丏》（《考古》第五期）。

巫

王为巫者,故《诅楚文》"丕显大神王咸"之王咸即巫咸,故《周礼·司巫》"国有大灾,则帅巫而造巫恒"之巫恒即卜辞的王恒。卜辞又有王亥、王夨皆在上甲前,疑皆王而为巫者;巫尪之尪从王从尣,疑本当作王,后代以尣者充巫,故加尣旁为义符。又案古祝、兄一字,从兄之况、贶等音与王之古音完全相同,是王、兄(祝)古本同音。有此二证,窃疑所谓"王"者,本即尪或祝,而王乃由群巫之长所演变而成的政治领袖。

古之王即巫者,故禹步亦称巫步:《帝王世纪》"故世传禹病偏枯,足不相遇,至今巫称禹步是也",《尸子》亦谓"禹劳于治水,生偏枯之病,步不相过,人曰禹步",《西京赋》"东海黄公,赤刀粤祝"注云"东海有能赤刀禹步以越人祝法厌虎者,号黄公",此皆称禹步;亦曰巫步,扬子《法言》"昔者姒氏治水土而巫步多禹",《续博物志》"鸺能巫步禁蛇"。

《史记·夏本纪》索隐引《世本》"涂山氏女名女娲",《帝王世纪》"禹始纳涂山氏曰女娲",女娲者疑即卜辞习见之娥:《路史·后纪》二"皋禖古祀女娲",又曰"女娲少佐太昊祷于神祇而为女媒,正姓氏,职昏姻,通行媒,以重万民之职,是曰神媒";案《诗·陈风谱》"大姬无子,好巫觋祷祈鬼神歌舞之乐",是因无子而以巫祷求之也,而卜辞云"贞虫犬(祓)于娥卯龛"(前4.52.2),《诗·生民》"克禋克祀,以弗无子",传云"弗,去也,求有子,古者必立郊禖焉",笺云"弗之言祓也,禋祀上帝于郊以祓无子之病而得福也"①,是又祓于娥即

---

① 祓、弗可通;《诗·卷阿》"弗禄尔康矣",《尔雅·释诂上》郭注引作祓。

求子于娲也。王充《论衡·顺鼓》"俗画女娲之象为妇人之形,又其号曰女,仲舒之意殆谓古妇人帝王者也,男阳而女阴,阴气为害,故祭女娲求福佑也",《路史·后纪》二注"董仲舒法,攻社不霁,则祀女娲,王充云仲舒殆以女娲妇人帝王者也,男阳而女阴故祭之",今本董书《止雨篇》未有此条,是故有求雨止雨于女娲者:卜辞云"甲子卜贞□求雨娥"(佚389),疑即祭女娲也[①]。《周礼》国有大灾则造巫恒,《诅楚文》使祝告于丕显大神巫咸,《左传·隐公十一年》"赂尹氏而祷于其主钟巫",造、告、祷其义一也,卜辞云"贞于娥告"(戬9.4)、"真勿于娥告"(卜通358)疑皆为造祷于女娲。

[①] 不雨与不子皆祷于娲,亦犹求雨与男女相会皆在桑林也,《吕氏·顺民》"汤乃以身祷于桑林",《墨子·明鬼》"宋之桑林,男女所属而观也",又《左传·成公二年》称人有孕曰"有桑中之喜"。

巫　243

巫即舞——卜辞称巫为戉

《墨子·非乐》引汤之官刑曰"其恒舞于宫，谓之巫风"，巫风者舞风也，古书凡言好巫必有歌舞之盛，盖所谓舞者乃巫者所擅长，而巫字实即舞字。

《说文》曰："巫，巫祝也，女能事无形以舞降神者也，象人两褒舞形，与工同意，古者巫咸初作巫。"案许氏既言象人两袖象形，则其字必象人形无疑，实乃卜辞之舞字。卜辞舞字作奠奠，象人两袖秉旄而舞，讹变而为小篆之巫：

奠→夾→夾→巫→巫→巫→巫

其所从之舞饰朴讹而为〈〉，其所从之大讹而为工，金文舞字所从之大出头一点常与两臂平交，而两脚由锐角而钝角而几至于平角，如陈公子巓无字，故至《说文》时代巫字已由从大而为从工。许氏为弥补从工之义，故于工字下曰"巧饰也，象人有规矩，与巫同意"，案舞、巫所从之"大"本有规模义，《说文·林部》"森，丰也，从林奭，奭或说规模字"，奭即卜辞之奭，假为保母之母[①]，亦即卜辞舞、巫所从之大。舞、巫既同出一形，故古音亦相同，义亦相合，金文舞、无一字，《说文》舞、无、巫三字分隶三部，其于卜辞则一也。

然卜辞舞字皆为求雨之舞，皆为动词，而罕有作为名词之巫者；其有以巫为官职者，皆以戊为之，戊、巫古音同，故相通假。《尚书·君奭》记殷大戊时有巫咸，《白虎通·姓氏篇》作巫戊，《经义述闻》三谓今文作巫戊，古文作巫咸；王国维《古史新证》曰："今卜辞无巫咸，有咸戊，疑今文当作咸戊，《书序》'作咸乂四篇'亦当作咸戊，作咸戊四篇，犹序言作臣扈、作伊陟也。"案王说是也，卜辞之"咸戊"即君奭之"巫咸"，戊即巫，乃官名，咸其私名。卜辞伊尹、黄尹之尹皆官名，伊、黄皆私名，故伊尹、黄尹得简称为伊若黄，而卜辞咸戊亦简称咸，与彼同，且皆先私名次官名。《尚书》作"巫咸"，是先官名次私名，乃依周制所更改，亦犹卜辞之黄尹而君奭称之保衡，《商颂》称之阿衡，阿、保皆官名，而其称名先官名次私名，与殷制异。

戊为巫之代称，故卜辞中称某戊者皆巫也：

---

① 详见《考古》五期拙作《史字新释》。

五牢天戊。（前 4.16.4）

贞业于爻戊。（后下 4.11）

贞䝠戊不巷。（上通别二中村 7）

贞业于尽戊。（前 1.44.7）

贞业于尽戊……（前 1.45.1）

天戊，罗氏释为大戊，谓天与大形近易讹①，案同片有残辞"辛……天……牢……"，当系同事，核以殷先王以所名之日卜，则卜大戊应在戊日，此在辛日明非先王之大戊。然卜辞天戊、爻戊之天若爻，疑皆为地名，卜辞云"王田天"（前 2.27.8）、"来自天"（库 506），又云"入爻"（铁 100.2）、"自爻"（下 41.1，黎 124），故"天戊""爻戊"者天地之巫与爻地之巫也。古者巫多以区域分，《左传·成公十年》有桑田巫，《左传·襄公十八年》有梗阳之巫，《左传·隐公十一年》有钟巫，而《汉书·郊祀志》《史记·封禅书》有梁巫、晋巫、秦巫、荆巫、河巫等，皆以地名。卜辞又云"辛未卜㱿贞王叔，兄戊何从，不隹祸，四月"（铁 121.3，佚 62），"不隹兄戊琜"（铁 157.1），兄戊者兄地之巫也，故或名何或名琜，二人皆兄地之巫也②。

---

① 《增订考释》上页二。
② 东周铜器有铸国器，王国维引《乐记》"武王克殷，封黄帝之后于祝"郑注云"祝或为铸"，谓铸国即祝国。见《观堂集林》卷十八。

舞与歌的发生

巫术行为是一种情绪的表演[①]。情绪的表演有二,一是舞蹈,一是呼号——诗歌。古文歌从可,而可字从口从丂,丂就是呼号的号;《乐记》说"故歌之为言也,长言之也……言之不足,故长言之,长言之不足,故嗟叹之,嗟叹之不足,故不知手之舞之足之蹈之也";这是说情绪的最初表演是长言嗟叹——即歌,长言嗟叹之不足故舞蹈;诗歌与舞蹈虽是表演情绪的两种方法,却同是一种根源上程度相次的表演。卜辞的"舞"完全应用于求雨,无 例外,而舞为巫者的特技,求雨是巫者的专业,然则说歌舞起源于巫术行为——即求雨,乃是颇合理的。

在天旱不雨时,人的心理是痛苦着又希望着;这种痛苦借歌舞

[①] B.Malinowski: *Magic Science and Religion*(马林诺斯基《巫术、科学与宗教》)五章一节。

来抒发情感，这种希望也借歌舞来表示恳请，二者相合即是"舞雩"。舞雩是痛苦的呼喊与表示，所以《月令》注"雩，吁嗟请求之祭也"，《尔雅·释训》"舞，号雩也"郭注"雩之祭，舞者吁嗟而请雨"，《释文》引孙炎云"雩之祭，有舞有号"，《祭法》注"雩之言吁嗟也"，《公羊传·桓公五年》何注"使童男女八人舞而呼雩，故谓之雩"：皆说雩为且呼且舞，而呼者即吁嗟长叹之谓也。吁嗟长叹即是歌，故歌与哭并举，《女巫》"凡邦之大灾，歌哭而请"，《衔枚氏》"禁叫呼叹鸣于国者中，引歌哭于国中之道者"：故《诗经》之歌多为哀哭，《园有桃》"心之忧兮，我歌且谣"，《墓门》"夫也不良，歌以讯之"，《四月》"君子作歌，维以告哀"，《白华》"啸歌伤怀，念彼硕人"，《江有汜》"不我过，其啸也歌"，《何人斯》"作此好歌，以极反侧"：凡称歌者皆告哀伤怀，是以歌与哭为同类。

祓禳

英国弗雷泽爵士于其所著《金枝》的感应巫术章中,分应用巫术为二,一是积极巫术或法术(Sorcery),一是消极巫术或禁忌(Taboo),(本文所研究)卜辞中的祓禳,在其性质上接近于积极巫术。盖商人的祓禳起源于实用的目的,本是一种实际行为(尤其是清洁行为)所转化的,所以其目的本是积极的,而其手段正是一种积极动作;及至完全成为巫术行为时,那种动作还是象征攻击与排斥难却的姿势。只有求雨的雩舞,除了表示哀求的情绪外,不能解说它的动作是不是含有感应的姿势,是不是模仿云和风的转动[1]。

卜辞中的祓禳,似乎也是遵守着弗氏所述的两个巫术原理:相似律与接触律,合称为感应巫术或感应律(Sympathetic Magic or Law of

---

[1] 求雨而舞,或是一种献媚于神的表示,或表示敬畏之义。

Sympathetic）。商人巫术偏于一种虚伪的假演，以为这种类似的假演可以影响事实，就是说凡象征的动作能招致来实际的效果，在卜辞中有三种：

1. 事先的假演　象舞，行于捕象前。犯軷，行于出行前。
2. 象征的假演　人身，宫室，四方的扫除。
3. 攻击的假演　A. 以鬼攻鬼——方相驱方良。
　　　　　　　B. 以法攻鬼——暴巫，象征暴魃。
　　　　　　　C. 恐吓——救日月。

卜辞被禳，尚注意及巫术中的巫术物，而以血（尤其犬豕羊家畜的血）为最具有巫术能力的。祭祀与巫术在形式上无显著之别，但从用牲一项上可以分别之：巫术之祭的用牲重其血，因血可以被禳一切，祭祀用牲重其肉，因为先祖可以享用它；巫术之祭用牲重于清洁，祭祀用牲重于丰盛。

在商周之际，巫术的第二种法物是玉石，玉石似乎来自西方。我在研究中曾发现两个骨文，象人悬玉贝立于火上，疑是禜字，而文献上颇有用玉辟禳的记载：《左传·昭公十七年》郑神灶语于子产曰"用瓘斝玉瓒，郑必不火"，《楚语下》"王孙圉与赵简子言曰玉足以庇荫嘉谷，使无水旱之灾，则宝之"，《檀弓下》"石骀仲卒，无适子，有庶子六人，卜所以为后者，曰沐浴佩玉则兆"。由是观之，玉可以避水旱，故《左传》昭公二十四年、定公三年、襄公十八年济河必沉玉，而古人佩玉，或是相信可以避灾，古玉多有孔以系。佩玉与沐浴同可洁身，所以《周礼·玉府》"王齐，共食玉"，《离骚》"精琼靡以为粻"；又《山海经·中山经》有帝台之石，服之可以不蛊。弗氏于感应巫术章中说秘鲁的印第安人用某类石增殖农植物,古希腊人将两块树玛瑙系牛角上可使禾谷丰盛,其事同于王孙圉所说玉足以庇荫嘉谷。

节选自《陈梦家学术论文集》:"商代的神话与巫术",

标题为编者所加

第八讲

《山海经》中的神话系统

吴晗

《山海经》中所叙述的家系,
一部分以女性为原始的祖先,而一部分又以男性为祖先,
一部分又糅合男女二性,仅仅于文字的叙述中,
显露出女性的地位较重要于男性的缘故了。

中国古代传说中的人物，见于《山海经》中的有以下这些：

大皞，少昊，黄帝，帝喾，帝尧，帝俊，帝舜，帝丹朱，禹，夏后启（夏后开），共工，相柳，鲧，夸父，常羲，娥皇，叔均，重黎，祝融，王亥，登比，羲和，稷，颛顼，炎帝，老童，伯夷，后土，雷祖，昌意，奚仲，等等。

现在试把各人的故事归纳起来，成为一个具体的系统。

黄帝

a. 其中多白玉，是有玉膏，其原沸沸汤汤，黄帝是食是飨，是生玄玉，玉膏所出，以灌丹木，丹木五岁，五色乃清，五味乃馨，黄帝乃取峚山之玉荣，而投之钟山之阳。(《西山经》)

b. 西北海之外，赤水之西，有先民之国，食谷，使四鸟。有北狄之国，黄帝之孙曰始均，始均生北狄。(《大荒西经》)

c. 大荒之中，有山名曰融父山，顺水入焉。有人名曰犬戎，黄帝生苗龙，苗龙生融吾，融吾生弄明，弄明生白犬，白犬有牝牡，是为犬戎，肉食，有赤兽。(《大荒北经》)

d. 黄帝妻雷祖，生昌意，昌意降处若水，生韩流。韩流擢首、谨耳、人面、豕喙、麟身、渠股、豚止，取淖子曰阿女，生帝颛顼。(《海内经》)

e. 东海之渚中，有神，人面鸟身，珥两黄蛇，践两黄蛇，名曰禺

虢。黄帝生禺虢，禺虢生禺京①，禺京处北海，禺虢处东海，是惟海神。（《大荒东经》）

f. 黄帝生骆明，骆明生白马，白马是为鲧。（《海内经》）

g. 有人衣青衣，名曰黄帝女魃，蚩尤作兵伐黄帝，黄帝乃令应龙攻之冀州之野，应龙畜水，蚩尤请风伯、雨师，纵大风雨，黄帝乃下天女曰魃，雨止，遂杀蚩尤，魃不得复上，所居不雨。叔均言之帝，后置之赤水之北，叔均乃为田祖，魃时亡之，所欲逐之者，令曰："神北行"，先除水道，决通沟渎。（《大荒北经》）

黄帝是一个神，他所飨、所食的是玉膏、丹木，他也有妻有子有孙。他的子孙有的是海神，有的是国王，有的是类似人的畜类，他曾与蚩尤战，部将是一条应龙和一位天上降下来的女神魃。

把黄帝的家系排列成表如下：

---

① 禺京即禺疆，古代京、疆音同。《海外北经》："北方禺疆，人面鸟身，珥两青蛇，践两青蛇。"正与禺虢形状丝毫无异。

《山海经》中的神话系统　　257

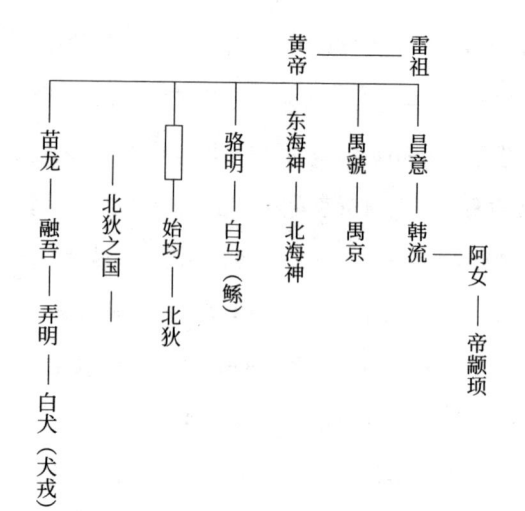

```
黄帝 ── 雷祖 ┬ 昌意 ── 韩流 ── 阿女 ── 帝颛顼
           ├ 禺䝞 ── 禺京
           │  东海神   北海神
           ├ 骆明 ── 白马（鲧）
           └ 始均 ── 北狄
                 ── 北狄之国
                 ── 苗龙 ── 融吾 ── 弄明 ── 白犬（犬戎）
```

颛顼

a. 有国曰颛顼，生伯服，食黍，有鼬姓之国。(《大荒南经》)

b. 有国名曰淑士，颛顼之子。(《大荒西经》)

c. 有榣山。其上有人，号曰太子长琴。颛顼生老童[①]，老童生祝融[②]，祝融生太子长琴，是处榣山，始作乐风。(《大荒西经》)

d. 颛顼生老童，老童生重及黎，帝令重献上天，令黎邛下地，下地是生噎，处于西极，以行日月星辰之行次。(《大荒西经》)

e. 大荒之中，有山名大荒之山，日月所入。有人焉三面，是颛顼之子，三面一臂，三面之人不死，是谓大荒之野。(《大荒西经》)

[①] 老童即耆童，《西山经》："又西一百九十里，曰騩山，其上多玉而无石，神耆童居之，其音常如钟磬，其下多积蛇。"

[②] 祝融有二，一为炎帝之后，另见《海外南经》："南方祝融，兽身人面，乘两龙。"

f. 有叔歜国，颛顼之子，黍食，使四鸟。(《大荒北经》)

g. 西北海外，流沙之东，有国名中䲨，颛顼之子，食黍。(《大荒北经》)

h. 西北海外，黑水之北，有人有翼，名曰苗民。颛顼生骥头，骥头生苗民，苗民釐姓，食肉。(《大荒北经》)

i. 又有成山，甘水穷焉。有季禺之国，颛顼之子，食黍。(《大荒南经》)

j. 有鱼偏枯，名曰鱼妇，颛顼死即复苏，风道北来，天乃大水泉，蛇乃化为鱼，是谓鱼妇，颛顼死即复苏。(《大荒西经》)

k. 有池名孟翼之攻颛顼之池。(《大荒西经》)

l. 东北海之外，大荒之中，河水之间，附禺之山，帝颛顼与九嫔葬焉……丘西有沉渊，颛顼所浴。(《大荒北经》)

m. 务隅之山，帝颛顼葬于阳，九嫔葬于阴。(《海外北经》)

n. 汉水出鲋鱼之山，帝颛顼葬于阳，九嫔葬于阴，四蛇卫之。(《海内东经》)

以上我们看不出颛顼有什么事迹，只是他的儿子很多。据 j 拿颛顼与鱼妇并列，"颛顼死即复苏"，似乎颛顼是一个水族动物。l、m、n 三条中之九嫔，处处与颛顼并列，当是颛顼的妻子，也许是九个妃嫔？也许是一人而名叫九嫔？葬地一会儿在东北海之外，一会儿在汉水，可见《山海经》的作者绝不止一人，也绝不是在同一时代内所完成的作品。三篇中"附禺""务隅""鲋鱼"，均同音，又皆以颛顼与九嫔，阴与阳对举，可见这三篇的作者虽不同，来源却是同一的。

把颛顼的家系列表如下：

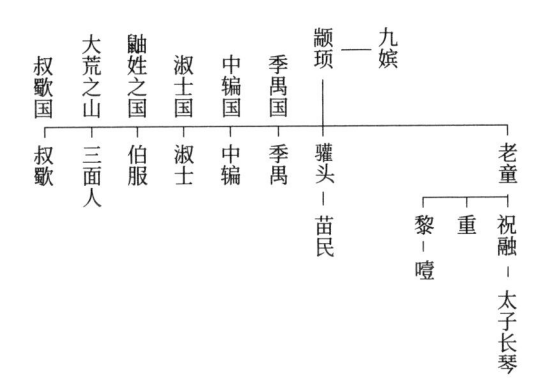

```
九嫔 ── 颛顼 ┬ 季禺国 ── 季禺
             ├ 中䰞国 ── 中䰞
             ├ 淑士国 ── 淑士
             ├ 鲺姓之国 ── 伯服
             ├ 大荒之山 ── 三面人
             ├ 叔歜国 ── 叔歜
             ├ 驩头 ── 苗民
             └ 老童 ┬ 祝融 ── 太子长琴
                     ├ 重
                     └ 黎 ── 噎
```

《山海经》中的神话系统　261

帝俊

帝俊即帝舜,俊龟甲文作夋,《山海经》中帝舜与帝俊杂用,俊与舜同音。

大荒之中,有不庭之山,荣水穷焉,有人三身,帝俊妻娥皇,生此三身之国,姚姓……南旁名曰从渊,舜之所浴也。(《大荒南经》)

上文称帝俊而下文称舜。

有苍梧之野,舜与叔均之所葬也。(《大荒南经》)
帝俊生后稷……稷之弟曰台玺,生叔均。(《大荒西经》)

可知帝俊之与帝舜之同为一人,毫无疑义。

帝俊的事迹可汇举如下：

A. 帝俊的妻女

a.舜妻登比氏生宵明、烛光，处河大泽，二女之灵能照此所方百里，一曰登北氏。(《海内北经》)

b.大荒之中，有不庭之山，荣水穷焉。有人三身，帝俊妻娥皇，生此三身之国，姚姓，黍食，使四鸟。有渊四方，四隅皆达，北属黑水，南属大荒，北旁名曰少和之渊，南旁名曰从渊，舜之所浴也。(《大荒南经》)

c.东南海之外，甘水之间，有羲和之国，有女子名曰羲和，方浴日于甘渊，羲和者，帝俊之妻，生十日。(《大荒南经》)

d.有女子方浴月，帝俊妻常羲，生月十有二，此始浴之。(《大荒西经》)

登比氏或登北氏，羲和，常羲，娥皇，看去似乎是不同的四个人，其实只是两个人。《大荒西经》中之常羲即《大荒南经》中之羲和，此观二篇所举"方浴日"情事相同，常羲与羲和之羲字相同可知，由常羲衍为羲和。由羲和复衍为《大荒南经》之娥皇。和娥同音，古人名原无定字，由古老传说及地方神话冉间接成为文字的记载，每每容易将一名衍为数名，或数名合成一人。此地帝俊的妻子，在数量上实只有登比氏和常羲二人。

B. 帝俊的子孙

a.帝俊生禺号，禺号生淫梁，淫梁生番禺，是始为丹，番禺生

奚仲，奚仲生吉光，吉光是始以木为车。(《海内经》)

b. 帝俊生晏龙，晏龙是为琴瑟。帝俊有子八人，是始为歌舞。帝俊生三身，三身生义均，义均是始为巧倕①。是始作下民百巧，后稷是播百谷，稷之孙曰叔均，是始作牛耕，大比赤阴，是始为国，禹鲧是始布土，均定九州。(《海内经》)

c. 大荒之中，有山名曰合虚，日月所出，有中容之国。帝俊生中容，中容人食兽，木实，使四鸟，豹虎熊罴。(《大荒东经》)

d. 东荒之中，有山名曰壑明俊疾，日月所出，有中容之国。(《大荒东经》)

e. 有司幽之国，帝俊生晏龙，晏龙生司幽，司幽生思士，不妻；思女，不夫，食黍，食兽，是使四鸟。(《大荒东经》)

f. 有白民之国，帝俊生帝鸿，帝鸿生白民，白民销姓，黍食，使四鸟，虎豹熊罴。(《大荒东经》)

g. 有黑齿之国，帝俊生黑齿，姜姓，黍食，使四鸟。(《大荒东经》)

h. 有困民国，勾姓而食，有人曰王亥，两手操鸟，方食其头。王亥托于有易，河伯仆牛，有易杀王亥，取仆牛，河念有易，有易潜出，为国于兽，方食之，名曰摇民。帝舜生戏，戏生摇民。(《大荒东经》)

i. 有襄山，又有重阴之山，有人食兽，曰季釐，帝俊生季釐，故曰季釐之国。(《大荒南经》)

---

① 《海内经》："又有不距之山，巧倕葬其西。"

j. 有载民之国，帝舜生无淫，无淫降载处，是谓巫载民，巫载民盼姓，食谷，不绩不经，服也；不稼不穑，食也，爰有歌舞之鸟。鸾鸟自歌，凤鸟自舞。爰有百兽，相群爰处，百谷所聚。(《大荒南经》)

k. 有西周之国，姬姓，食谷，有人方耕，名曰叔均。帝俊生后稷，稷降以百谷，稷之弟曰台玺，生叔均，叔均是代其父及稷播百谷[①]，始作耕，有赤国，妻氏有双山。(《大荒西经》)

C. 葬地及其他

a. 兕在舜葬东，湘水南，其状如牛，苍黑，一角。(《海内南经》)

b. 苍梧之山，帝舜葬于阳，帝丹朱葬于阴。(《海内南经》)

c. 氾林三百里，在狌狌东。狌狌知人名，其为兽如豕而人面，在舜葬西。(《海内南经》)

d. 湘水出舜葬东南陬，西环之。入洞庭下，一曰东南西泽。(《海内东经》)

e. 有阿山者，南海之中，有氾天之山，赤水穷焉。赤水之东，有苍梧之野，舜与叔均之所葬也。爰有文贝、离俞、鸱久、鹰、贾、委维、熊、罴、象、虎、豹、狼、视肉，有荣山，荣水出焉，黑水之南，有玄蛇，食麈。(《大荒南经》)

f. 南方苍梧之丘，苍梧之渊，其中有九嶷山，舜之所葬，在长沙零陵界中。(《海内经》)

[①] 《大荒北经》："叔均乃为田祖。"

g. 有五采之鸟，相乡弃沙，惟帝俊下友，帝下两坛，采鸟是司。(《大荒东经》)

h. 有缗渊……有水四方，名曰俊坛。(《大荒南经》)

i. 丘方圆三百里，丘南帝俊竹林在焉。(《大荒北经》)

以上 b、e 两条是冲突的。b 条说帝舜与帝丹朱同葬，e 条说与叔均同葬，可见这两篇作者的各不相谋，而绝不是出于同一人的手笔。f 条竟说到九嶷山、长沙、零陵这些周、秦以后的地方名词，使我们知道至少这一篇《海内经》是成于战国或竟至汉初人之手。g 条说帝俊下友五采之鸟，似乎帝俊的本身有羽族之可能。

以下把帝俊的家系列成一表：

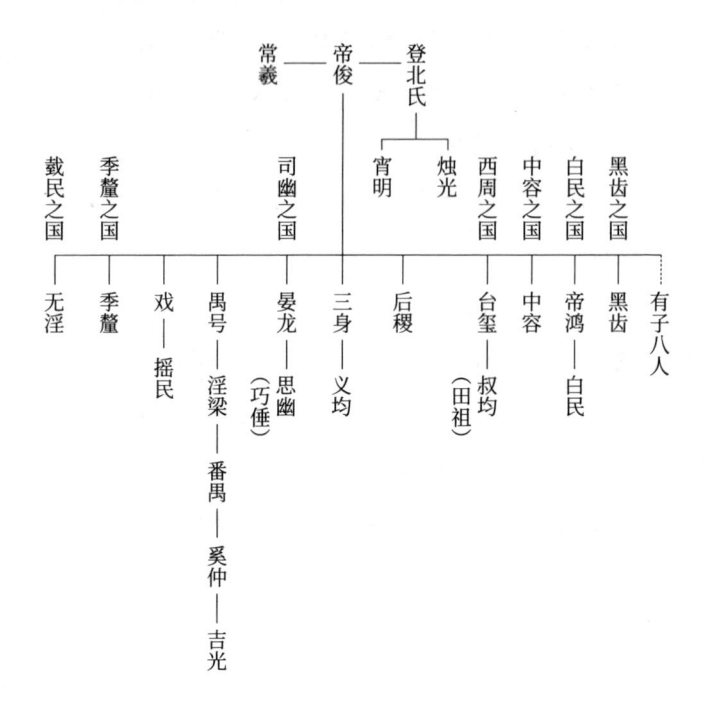

```
                  常    ── 帝  ── 登
                  羲       俊      北
                                   氏
                          ┌────┼────┐
                          宵    烛
                          明    光
  ┌────┬────┬────┬────┬────┼────┬────┬────┬────┬────┐
 戴   季   司        三   后   西   中   白   黑
 民   釐   幽        身   稷   周   容   民   齿
 之   之   之             ─    之   之   之   之
 国   国   国             义   国   国   国   国
  │    │    │    │    │    │    │    │    │    │    │
 无   季   戏   禺   晏             台   中   帝   黑   有
 淫   釐    ─   号   龙             玺   容   鸿   齿   子
            摇    ─    ─             ─              ─          八
            民   淫   思            叔              白          人
                 梁   幽            均              民
                  ─  (巧            (田
                 番   倕)           祖)
                 禺
                  ─
                 奚
                 仲
                  ─
                 吉
                 光
```

大皞

a. 有木，青叶紫茎，玄华黄实，名曰建木，百仞无枝，有九欘，下有九枸，其实如麻，其叶如芒，大皞爰过，黄帝所为，有窯窳，龙首，是食人。(《海内经》)

b. 西南有巴国，大皞生咸鸟，咸鸟生乘厘，乘厘生后照，后照是始为巴人。(《海内经》)

少皞

a. 又西二百里，曰长留之山，其神白帝少昊居之。其兽皆文尾，其鸟皆文首，是多文玉石，实惟员神魂氏之宫，是神也，主司反景。(《西山经》)

b. 有缗渊，少昊生倍伐，倍伐降处缗渊。(《大荒南经》)

c. 有人一目，当面中生，一曰是威姓，少昊之子，食黍。(《大荒北经》)

d. 东海之外大壑，少昊之国，少昊孺帝颛顼于此，弃此琴瑟。(《大荒东经》)

e. 少皞生般，般是始为弓矢。(《海内经》)

《西山经》说白帝少昊居长留之山，《大荒东经》又有少昊之国。所谓五方、五行、五气、五帝等谶纬之说，起自战国末期，到秦汉而大盛，我们很可以下一个假设，说《西山经》是这一个时期中的作品。

据 d 条少昊对于颛顼有师保的关系。

少皡的家系，可作表如下：

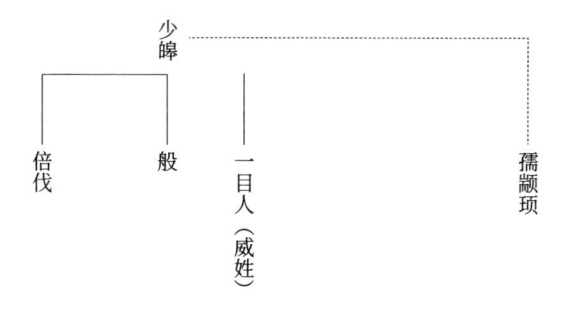

```
                    少
                    皡┄┄┄┄┄┄┄┄┄┄┄┄┄┄┄┐
         ┌──────┼──────┐              ┆
         │             │              │              ┆
         倍            般             一              孺
         伐                            目             颛
                                       人             顼
                                      （
                                       威
                                       姓
                                      ）
```

《山海经》中的神话系统　　269

炎帝

a. 炎帝之孙伯陵，伯陵同吴权之妻阿女缘妇，缘妇孕三年，是生鼓、延、殳。始为侯，鼓、延是始为钟，为乐风。(《海内经》)

b. 炎帝之妻，赤水之子听訞生炎居，炎居生节并，节并生戏器，戏器生祝融，祝融降处于江水，生共工，共工生术器，术器首方颠……共工生后土，后土生噎鸣，噎鸣生岁十有二。(《海内经》)

c. 有互人之国，炎帝之孙，名曰灵恝，灵恝生互人，是能上下于天。(《大荒西经》)

d. 又北二百里，曰发鸠之山，其上多拓木，有鸟焉，其状如乌，文首、白喙、赤足，名曰精卫，其鸣自詨。是炎帝之少女，名曰女娃，女娃游于东海，溺而不返，故为精卫，常衔西山之木石，以堙于东海。(《北山经》)

（a）共工之臣名曰相繇，九首蛇身，自环，食于九土，其所歇所尼，即为源泽，不辛乃苦，百兽莫能处。禹湮洪水，杀相繇，其血腥臭，不可生谷，其地多水，不可居也，禹湮之，三仞三沮，乃以为池，群帝因是以为台，在昆仑之北。(《大荒北经》)

有系昆之山者，有共工之台，射者不敢北向。(同上)

共工之臣曰相柳氏，九首，以食于九山。相柳之所抵，厥为泽溪，禹杀相柳，其血腥，不可以树五谷种，禹厥之，三仞三沮，乃以为众帝之台，在昆仑之北，柔利之东。相柳者，九首人面，蛇身而青，不敢北射，畏共工之台。(《海外北经》)

（b）大荒之中，有山名曰成都载天。有人珥两黄蛇，把两黄蛇，名曰夸父[1]。后土生信，信生夸父，夸父不量力，欲追日景，逮之于禹谷，将饮河而不足也。将走大泽，未至，死于此。(《大荒北经》)

关于夸父，有下列这些传说：

a. 夸父与日逐走，入日，渴，欲得饮，饮于河渭，河渭不足，北饮大泽，未至，道渴而死，弃其杖，化为邓林。(《海外北经》)

b. 又西九十里，曰夸父之山……其北有林焉，名曰桃林。(《中山经》)

c. 有兽焉，其状如夸父而彘毛。(《东山经》)

逐日同饮于河渭，这不过是古代人对于大自然的神秘所生出的一种幻想。c条有兽状如夸父而彘毛，不说夸父状如兽，而说兽状如夸父，这可见夸父不但是一位非人的畜类，而且是被用为兽类中的标准

---

[1] 夸父有两，一为应龙所杀。《大荒北经》："应龙已杀蚩尤，又杀夸父，乃去南方处之。故南方多雨。"

典型。

共工的臣子相繇是九首蛇身的，那共工的形状至少也不如普通人一样的圆颅方踵。后土的孙子夸父是一位高等畜类。炎帝的女儿死后变鸟。曾孙互人，能够上下于天。由这事实推上去，按照进化的公例，炎帝之为一种原始的低能动物，实为不可否认的事实。

炎帝的家系，可排列成表如下：

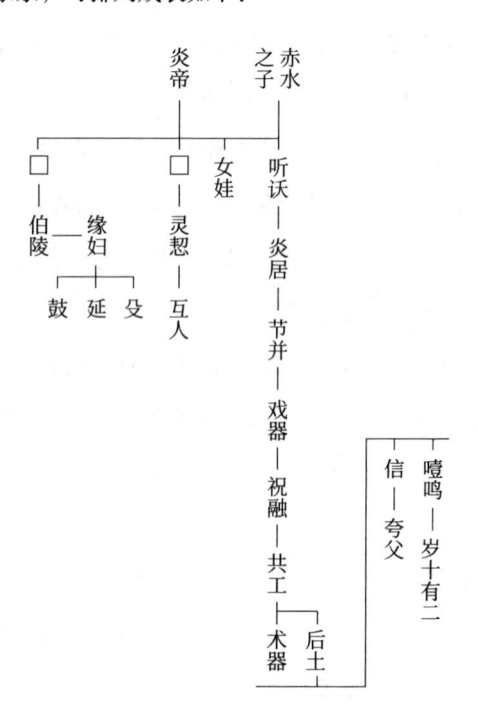

```
                    赤水
                    之子
                    炎帝
        ┌───────────┼───────────┐
        □           □           听讹
        │           │女娃         │
      伯陵—缘妇      灵恝          炎居
        │            │           │
     ┌──┼──┐        互人          节并
     鼓  延  殳                    │
                                 戏器
                                  │
                                 祝融
                                  │
                                 共工
                            ┌─────┴─────┐
                           术器         后土
                                  ┌─────┴─────┐
                                  信         噎鸣
                                  │           │
                                 夸父      岁十有二
```

鲧与禹

a. 禹鲧是始布土,均定九州。(《海内经》)

b. 洪水滔天,鲧窃帝之息壤以堙洪水,不待帝命,帝令祝融杀鲧于羽郊。鲧复生禹,帝乃命禹布土以定九州。(《海内经》)

c. 有榆山,有鲧攻程州之山。(《大荒北经》)

d. 又东十里,曰青要之山,实惟帝之密都。北望河曲,是多驾鸟,南望墠渚,禹父之所化,是多仆累、蒲卢,䰠武罗司之。(《中山经》)

e. 大荒之中,有人名曰驩头。鲧妻士敬,士敬子曰炎融,生驩头,驩头人面鸟喙,有翼,食海中鱼,杖翼而行,维宜芑苣,穋杨是食,有驩头之国。(《大荒南经》)

f. 有毛民之国,依姓,食黍,使四鸟。禹生均国,均国生役采,役采生修鞈,修鞈杀绰人,帝念之,潜为之国,是此毛民。(《大荒

北经》)

g. 禹所积石之山在其东,河水所入。(《海外北经》)

h. 禹湮洪水,杀相繇。其血腥臭,不可生谷,其地多水,不可居也。禹湮之,三仞三沮,乃以为池,群帝因是以为台,在昆仑之北。(《大荒北经》)

i. 禹杀相柳,其血腥,不可以树五谷种,禹厥之,三仞三沮,乃以为众帝之台,在昆仑之北,柔利之东。(《海外北经》)

j. 水西有湿山,水东有幕山,有禹攻共工国山。(《大荒西经》)

k. 大荒之中,有山名曰先槛大逢之山,河、济所入,海北注焉。其西有山,名曰禹所积石。(《大荒北经》)

l. 帝命竖亥步,自东极于至西极……一曰禹令竖亥。(《海外东经》)

把以上的事迹,简括地总计一下:

(a) 禹为鲧子。鲧偷了帝的息壤来堙洪水,这举动事先没有得帝的许可,帝就差祝融把他杀于羽郊,后来化为异物。鲧死以后,帝才命禹布土,定九州。

(b) 禹、鲧同受命布土定九州。

(c) 鲧曾攻程州。

(d) 禹曾攻共工。

(e) 禹堙洪水,杀相繇(相柳)。

(f) 禹令竖亥步东西极。

鲧、禹的家系，可列表如下：

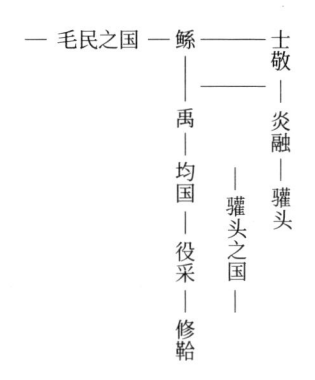

```
─ 毛民之国 ─ 鲧 ─┬─ 士敬 ─ 炎融 ─ 驩头
                │                      │
                │                      └─ 驩头之国
                │
                └─ 禹 ─ 均国 ─ 役采 ─ 修鞈
```

《山海经》中的神话系统　　275

夏后启

a. 西南海之外，赤水之南，流沙之西，有人珥两青蛇，乘两龙，名曰夏后开。开上三嫔于天，得九辩与九歌以下。此天穆之野，高二千仞，开焉得始歌九招。（《大荒西经》）

b. 大乐之野，夏后启于此儛九代，乘两龙，云盖三层，左手操翳，右手操环，佩玉璜，在大运山北，一曰大遗之野。（《海外西经》）

c. 三身国在夏后启北，一首而三身。（同上）

d. 夏后启之臣曰孟涂，是司神于巴，人请讼于孟涂之所，其衣有血者乃执之，是请生，居山上，在丹山西。（《海内南经》）

夏后启的形状与动作的描写，已经很清楚地告诉我们他是一个神，这右手操环，左手操翳，珥两青蛇，乘两龙的叙述，很可以拿来形容佛教寺宇内第一道门所位置的四大金刚，或是四大天王，《封神榜》中的魔家四将。这四大天王中有拿伞（翳）的，有拿蛇的，有拿环的。这两者的关系，或是由夏后启而衍为四大天王，或由佛教而影响及夏后启或《海外西经》的作者，都是可能的。

夏后启既然是一个神，当然他的臣子孟涂，也可司神于巴了。

伯夷及南岳

a.伯夷父生西岳，西岳生先龙，先龙是始生氐羌，氐羌乞姓。(《海内经》)

b.有寿麻之国，南岳娶州山女，名曰女虔。女虔生季格，季格生寿麻，寿麻正立无景，疾呼无响，爰有大暑，不可以往。(《大荒西经》)

伯夷父是西方民族氐羌的祖先，南岳是南方热带国家或民族的祖先。

羿的故事

a. 有人曰凿齿，羿杀之。(《大荒南经》)

b. 昆仑虚在其东，虚四方，一曰在岐舌东，为虚四方，羿与凿齿战于寿华之野，羿射杀之，在昆仑虚东。羿持弓矢，凿齿持盾，一曰戈。(《海外南经》)

c. 帝俊赐羿彤弓素矰，以扶下国，羿是始去恤下地之百艰。(《海内经》)

羿用矢射杀凿齿于寿华之野，帝俊赐他彤弓素矰，以扶下国。据c条看，羿的地位似乎和春秋时代的齐桓、晋文相仿，或稍过之。

稷

a. 帝俊生后稷，稷降以百谷。稷之弟曰台玺，生叔均。叔均是代其父及稷播百谷，始作耕。(《大荒西经》)

b. 帝俊生晏龙……后稷是播百谷，稷之孙曰叔均，是始作牛耕。(《海内经》)

c. 南望昆仑，其光熊熊，其气魂魂。西望大泽，后稷所潜也；其中多玉，其阴多榣木之有若，北望诸毗，槐鬼离仑居之。鹰鹯之所宅也，东望恒山四成，有穷鬼居之，各在一搏。(《西山经》)

d. 又西北四百二十里，曰峚土，其上多丹木，员叶而赤茎，黄华而赤实，其味如饴，食之不饥，丹水出焉，西流注于稷泽。(《西山经》)

e. 又西三百七十里，曰乐游之山，桃水出焉，西流注于稷泽。(《西山经》)

f. 后稷之葬，山水环之，在氐国西。(《海内西经》)

g. 流黄酆氏之国，中方三百里，有涂四方，中有山，在后稷葬西。(《海内西经》)

h. 西南黑水之间，有都广之野，后稷葬焉。爰有膏菽、膏稻、膏黍、膏稷，百谷自生，冬夏播琴，鸾鸟自歌，凤鸟自舞，灵寿实华，草木所聚，爰有百兽，相群爰处，此草也，冬夏不死。(《海内经》)

后稷、台玺、叔均父子叔侄三人，世为田祖，真可称为农家！据《大荒北经》，叔均上获事黄帝，下及方耕西周，这也是个滑稽的事情。

据 c 条后稷潜于大泽，拿来和他对举的是槐鬼离仑，鹰鹯，穷鬼。则后稷之本身或为一巨大之水族动物，或近于鬼神的非生物？

帝，女娲，尧与汤及其他

a. 帝

又东二百里曰姑媱之山，帝女死焉，其名曰女尸，化为䔄草，其叶胥成，其华黄，其实如菟丘，服之媚于人。(《中山经》)

又西北四百二十里，曰钟山，其子曰鼓，其状如人面而龙身。是与钦䲹杀葆江于昆仑之阳，帝乃戮之钟山之东曰崤崖。钦䲹化为大鹗，其状如而黑文白首，赤喙而虎爪，其音如晨鹄，见则有大兵。鼓亦化为鵕鸟，其状如鸱，赤足而直喙，黄文而白首，其音如鹄，见则其邑大旱。(《西山经》)

帝命竖亥步，自东极至于西极，五亿十选九千八百步，竖亥右手把算，左手指青丘北。(《海外东经》)

贰负之臣曰危，危与贰负杀窫窳，帝乃梏之疏属之山，桎其右足，反缚两手与发，系之山上木，在开题西北。(《海内西经》)

刑天与帝至此争神，帝断其首，葬之常羊之山。乃以乳为目，以脐为口，操干戚以舞。(《海外西经》)

以上五篇中所举的光杆儿的帝，很难知道这帝究竟是谁。据《西山经》和《海内西经》所载，这帝爱管闲事，并且尽有权力去处理他所爱管的闲事，合看《海外西经》刑天和他老人家争神的神话，很明显使我们能够肯定这帝是上帝，是原始人所崇拜的万能的天帝。

b. 女娲

有神十人，名曰女娲之肠，化为神，处栗广之野，横道而处。(《大荒西经》)

c. 尧

帝尧台、帝喾台、帝丹朱台、帝舜台，各二台，台四方，在昆仑东北。(《海内北经》)

帝尧、帝喾、帝舜葬于岳山。爰有文贝、离俞、鸱久、鹰、贾、延维、视肉、熊、罴、虎、豹；朱木、赤枝、青华、玄实。(《大荒南经》)

狄山，帝尧葬于阳，帝喾葬于阴。爰有熊、罴、文虎、蜼、豹、离朱、视肉。吁咽、文王皆葬其所。一曰汤山，一曰爰有熊、罴、文虎、蜼、豹、离朱、鸱久、视肉、虖交，其范林方三百里。(《海外南经》)

䃾丘，爰有遗玉、青马、视肉、杨柳、甘柤、甘华，百果所生，在东海，两山夹丘，上有树木，一曰嗟丘，一曰百果所在，在尧葬东。(《海外东经》)

帝舜在《大荒南经》中又多了一个葬的地方。此地帝尧、帝丹朱、帝喾三位古帝，除了葬地和纪念物以外，丝毫没有什么事迹告诉我们，可见这三位在《山海经》中的地位是无关重要的，也许还是东西汉间一班专门作假的学者如刘向辈所故意羼入，来证明尧的存在？如就本文而论，《大荒南经》和《海外南经》所说同伴的或同葬的都是一些扁毛四足的飞禽走兽，物以类推，帝尧、帝喾的本来形象是什么？我想也毋庸多事，把它说明了。

d. 汤

有人无首，操戈盾立，名曰夏耕之尸。故成汤伐夏桀于章山，克之，斩耕厥前，耕既立，无首，走厥咎，乃降于巫山。(《大荒西经》)

蚩尤，昆吾，穷奇，夔，窫窳及其他

a. 蚩尤

蚩尤作兵伐黄帝，黄帝乃令应龙攻之冀州之野，应龙畜水，蚩尤请风伯、雨师，纵大风雨，黄帝乃下天女曰魃，雨止，遂杀蚩尤。（《大荒北经》）

大荒东北隅中，有山名曰凶犁土丘，应龙处南极，杀蚩尤与夸父，不得复上，故下数旱，旱而为应龙之状，乃得大雨。（《大荒东经》）

b. 昆吾

大荒之中，有龙山，日月所入，有三泽水，名曰三淖，昆吾之所食也。（《大荒西经》）

白水出焉，而生白渊，昆吾之师所浴也。（《大荒南经》）

c. 穷奇

穷奇状如虎,有翼,食人从首始,所食被发。(《海内北经》)

又西二百六十里,曰邽山,其上有兽焉,其状如牛,猬毛,名曰穷奇,音如獆狗,是食人。(《西山经》)

d. 夔

东海中有流波山,入海七千里。其上有兽,状如牛,苍身而无角,一足,出入水则必风雨,其光如日月,其声如雷,其名曰夔。黄帝得之,以其皮为鼓,橛以雷兽之骨,声闻五百里,以威天下。(《大荒东经》)

e. 窫窳

又北二百里,曰少咸之山,无草木,多青碧。有兽焉,其状如牛,而赤身、人面、马足,名曰窫窳。其音如婴儿,是食人。(《北山经》)

窫窳龙首,居弱水中,在狌狌知人名之西,其状如龙首,食人。(《海内南经》)

窫窳者,蛇身人面,贰负臣所杀也。(《海内西经》)

贰负之臣曰危,危与贰负杀窫窳,帝乃梏之疏属之山,桎其右足,反缚两手与发,系之山上木,在开题西北。(《海内西经》)

f. 帝江

有神焉,其状如黄囊,赤如丹火,六足四翼,浑敦无面目,是识歌舞,实为帝江也。(《西山经》)

g. 九丘

有九丘,以水络之,名曰陶唐之丘,有叔得之丘,孟盈之丘,昆

吾之丘，黑白之丘，赤望之丘，参卫之丘，武夫之丘，神民之丘。（《海内经》）

根据以上所录，作《山海经中古代大事表》《山海经中古史人物表》《山海经中古史系统表》《山海经中诸国表》如后：

表一 《山海经中古代大事表》

黄帝——令应龙魃杀蚩尤
　　　　得夔，以其皮为鼓
　　　　叔均为田祖
颛顼——孟翼之攻颛顼
　　　　太子长琴始作乐风
帝俊——番禺始为舟
　　　　吉光始为车
　　　　晏龙始为琴瑟
　　　　有子八人始为歌舞
　　　　义均始为巧倕
　　　　后稷始播百谷
　　　　叔均始作牛耕
　　　　禹鲧是始播土，均定九州
少昊——孺帝颛顼于少昊之国
　　　　般始为弓矢
炎帝——鼓、延是始为钟，为乐风
鲧——鲧攻桯州
　　　　窃帝之息壤以堙洪水，帝令祝融杀之于羽郊，化为异物
禹——禹攻共工
　　　　帝令禹布土，定九州
　　　　令竖亥步东西极
　　　　杀相繇（相柳），堙洪水

夏后启——得九辩与九歌，始歌九招，儛九代
羿——杀凿齿于寿华之野
　　　　帝俊赐羿彤弓素矰，以扶下国
帝——帝令重献上天，黎邛下地
　　　　戮鼓与钦䲹于崤崖
　　　　断刑天首
　　　　令祝融杀鲧于羽郊
　　　　令禹布土定九州
　　　　令竖亥步东西极
　　　　梏窫窳于疏属之山
　　　　修鞈杀绰人，帝念之潜为之国，是此毛民
危、贰负——杀窫窳
汤——伐桀

表二 《山海经中古史人物表》

人名	形状	事业	分国	其他
黄帝		杀蚩尤	北狄之国 犬戎 轩辕之国 司彘之国	
韩流	擢首谨耳，人而豕喙，麟身渠服，豚止			黄帝孙
禺䝞	人面鸟身，珥两黄蛇，践两黄蛇	东海神		黄帝孙
禺京	人面鸟身，珥两黄蛇，践两青蛇	北海神		禺䝞子
女魃	衣青衣	止雨，杀蚩尤	赤水之上	自天下
应龙		杀蚩尤，夸父		自天下

续表

人名	形状	事业	分国	其他
叔均		为田祖，始作耕		帝俊孙
颛顼		与孟翼战	鼬姓之国 淑士国 叔歜国 中��国 三面人 苗民 季禺之国	
太子长琴		始作乐风	摇山	颛顼孙
重		上天		颛顼孙
黎		下地		颛顼孙
噎		行日月星辰之行次	西极	黎子
老童（耆童）		音常如钟磬	騩山	颛顼孙
宵明烛光		二女之灵能照此方百里	处河大泽	登比氏女
娥皇	三身		三身之国	帝俊妻
羲和		方浴日于甘渊	羲和之国	帝俊妻
常羲				帝俊妻
登比氏				舜妻
帝俊		赐羿彤弓素矰，命禹鲧是始布土定九州	中容之国 司幽之国 白民之国 黑齿之国 摇民国 季釐之国 载民之国 西周之国	

《山海经》中的神话系统　　289

续表

人名	形状	事业	分国	其他
番禺		始为舟		帝俊孙
吉光		始为车		帝俊孙
晏龙		始为琴瑟		帝俊子
八子		始为歌舞		帝俊子
义均		始为巧倕		帝俊孙
后稷		始播百谷		帝俊子
大皞			巴国	
少昊		主司反景,孺帝颛顼于少昊之国	长留之山 少昊之国 一目人 缗渊	
般		始为弓矢		少昊子
炎帝			互人之国	
女娃	其状如鸟、白首、白喙、赤足	化为精卫	发鸠之山	炎帝少女
鼓、延		始为钟,为乐风		炎帝孙
互人		能上下于天		炎帝孙
共工				炎帝孙
后土				炎帝孙
相繇（相柳）	九首蛇身,自环,人面而青	被禹所杀	食于九土	共工臣
夸父	珥两黄蛇,把两黄蛇	逐日而死		后土孙
鲧	殛于羽郊,化为异物	攻程州,布土定九州,窃息壤堙洪水,帝命祝融杀之	骦头之国 青要之山	黄帝孙

续表

人名	形状	事业	分国	其他
禹		命竖亥步东西极。布土定九州，攻共工，杀相繇，堙洪水	毛民之国	鲧子
夏后启	珥两青蛇，乘两龙，左手操翳，右手操环	上三嫔于天，得九辩、九歌，儛九代	赤水之南大乐之野	
孟涂		司神于巴人	在丹山西	夏后启臣
羿		杀凿齿于寿华之野，帝俊赐以彤弓素矰，以扶下国		帝俊臣
台玺		田祖		叔均父
女尸		化为䔄草	姑媱之山	帝女
鼓	人面龙身	杀葆江，被帝戮，化为鵕鸟	钟山	帝女
钦䲹		杀葆江，被帝戮，化为大鹗		
贰负		与危杀窫窳	疏属之山	
危		与贰负杀窫窳	疏属之山	贰负臣
刑天		与帝争神，被杀，乃以乳为目，以脐为口，操干戚而舞	常羊之山	
女娲		有神十人，名曰女娲之肠	栗广之野	
尧			葬岳山?狄山?	
帝喾			葬岳山	
帝丹朱			葬苍梧之山	

《山海经》中的神话系统

续表

人名	形状	事业	分国	其他
汤		伐夏桀		
夏耕之尸	无首,操戈盾立		巫山	
蚩尤		作兵伐黄帝,被杀		
昆吾			龙山	
穷奇	如虎,有翼,食人,其状如牛,猬毛,音如獆狗		邦山	
夔	壮如牛,苍身而无角,其光如日月,其声如雷,一足,出入水,则必风雨	黄帝得之,以其皮为鼓,声闻五百里	流波山	
窫窳	如牛,赤身,人面,马足,声如婴儿,食人	被贰负与危所杀	少阳之山 弱水	
帝江	龙首,状如黄囊,赤如丹火,六足四翼,浑敦无面目	识歌舞		

表三 《山海经中古史系统表》

一、黄帝系

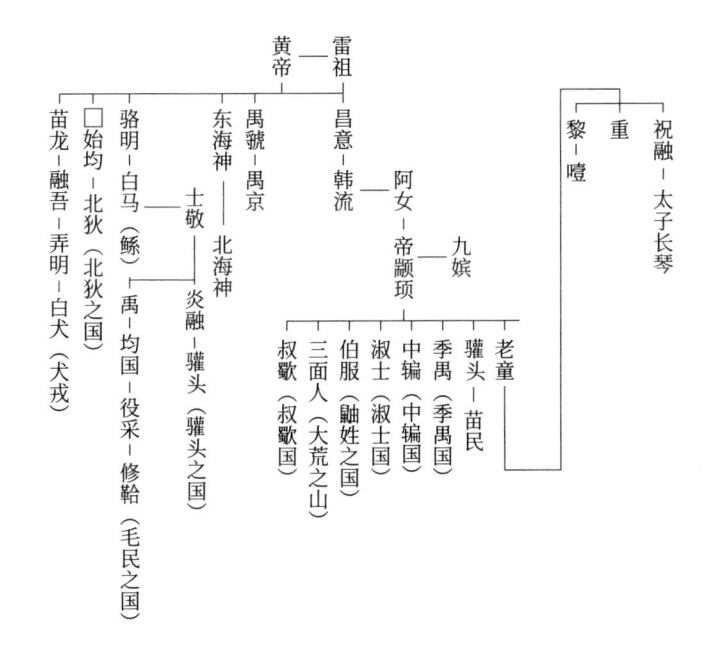

```
                    雷祖 ── 黄帝
                              │
    ┌────┬────┬────┬────┬────┤          祝融 ── 太子长琴
    │    │    │    │    │    │           │
  苗龙  □   骆明  东海神 禺虢  昌意─韩流    重
    │   始均  │    │    │    │           │
  融吾 (北狄) 白马 北海神 禺京  阿女─帝颛顼  黎─噎
    │  (北狄  (鲧)  │         │
  弄明  之国)  │   士敬       ├─九嫔
    │        禹   炎融         │
  白犬       │    │    ┌──┬──┬──┬──┬──┬──┬──┐
 (犬戎)    均国  骓头  老 骓 季 中 淑 伯 三 叔
            │  (骓头  童 头 禺 輈 士 服 面 歜
          役采  之国)    苗 (季(中 (淑 (鮋 人 (叔
            │          民 禺 輈 士 姓 (大 歜
          修鞈              国)国) 国) 荒 国)
          (毛民                          之
           之国)                          山)
```

二、帝俊系

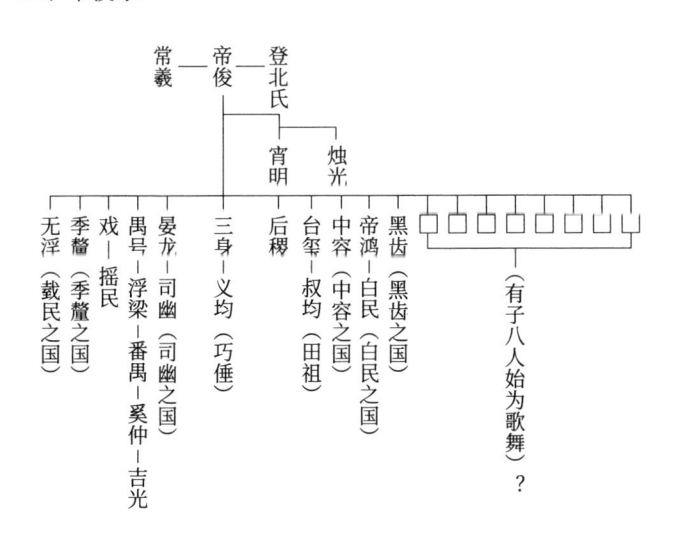

```
           常羲 ── 帝俊 ── 登北氏
                    │
                  宵明 ─ 烛光
                    │
    ┌──┬──┬──┬──┬──┬──┬──┬──┬──┬──┬──┐
   无 季 戏 禺 晏 三 后 台 帝 中 黑  □□□□□□□□
   淫 釐   号 龙 身─稷 玺 鸿 容 齿
    │  │   │  │  义     │  │  │  │  （有子八人始为歌舞）？
  (载 (季 摇  浮 司  均   叔 (白(中 (黑
   民 釐 民  梁 幽  (巧  均  民 容 齿
   之 之    │  (司  倕)  田  国) 国) 之
   国) 国)  番  幽       祖)            国)
            禺  之
            │  国)
            奚
            仲
            │
            吉
            光
```

《山海经》中的神话系统　293

三、大皥系

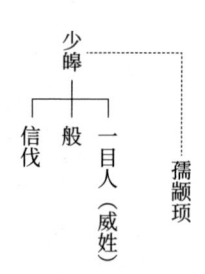

大皥—咸鸟—乘釐—后照—（巴人）

四、少皥系

```
少皥┬──────┈┈ 孺颛顼
    ├─般
    ├─信伐
    └─一目人（威姓）
```

五、炎帝系

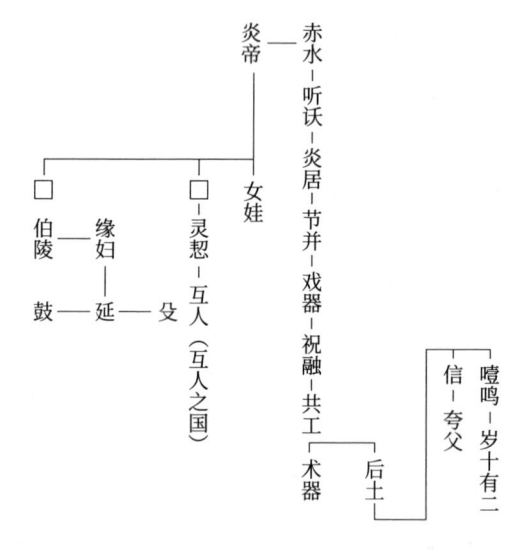

```
炎帝─赤水─听䜣─炎居─节并─戏器─祝融─共工
  ├─□─伯陵──缘妇─鼓─延─殳
  ├─□─灵恝─互人（互人之国）
  └─女娃
                    祝融─共工─术器
                              └─后土┬─噎鸣─岁十有二
                                    └─信─夸父
```

六、伯夷系

伯夷父—西岳—先龙—氐羌

七、南岳系

```
南岳 ── 女虔
         └── 季格 ── 寿麻（寿麻国）──
```

在以上的七个家系中，有一点是非常值得我们注意的，就是：

黄帝妻雷祖，生昌意。(《海内经》)

韩流……取淖子曰阿女，生帝颛顼。(《海内经》)

鲧妻士敬，士敬子曰炎融。(《大荒南经》)

舜妻登比氏生宵明、烛光。(《海内北经》)

伯陵同吴权之妻阿女缘妇……是生鼓、延、殳。(《海内经》)

炎帝之妻，赤水之子听訞生炎居。(《海内经》)

南岳娶州山女，名曰女虔，女虔生季格。(《大荒西经》)

为什么不说鲧娶士敬，生炎融？而说鲧妻士敬，士敬子曰炎融！为什么不说炎帝娶赤水，生听訞？而说炎帝之妻赤水之子听訞！绕这么一个大弯呢？

从这一点上，我们可以知道以女性为本位的氏族组织，确曾存在于中国古代。所谓氏族的组织，就是有共通的祖先，以氏族名称相区分，以血缘之关系相结合而成的一个共同团体。太古时代之家系，通常以女性为本位，氏族之组织是由想象的一个女性祖先和她的子女及她的女系之子孙之子女所构成，其家系由女性而继续，降至家系以男性为本位的时代——私有财产出现以后——氏族之组织，便是由想象的一个男性的祖先和他的子女及他的男系子孙子女所构成，其家系由男性而继续。

我们知道《山海经》的作者绝不是禹，也绝不是益，甚至不是西周以前的作品。它的作者不止一人，它的完成也不能划然地说属于某一个制裁的时期。我们可以断然地说《山海经》是出于十个人以上或更多的手笔，有的是由传闻而来的，有的是就以前的记载而加以自己的想象，有的故意羼入些不相称的材料来作为某一事件的利用。它的时代是从战国开始以至东汉魏晋。

《山海经》所叙述的是史前时代的民间传说同故事，这一些已被后来人所记载的同未被记载的传说与故事，在事实上有被保存到较后的时代的可能，在这一种被保存、被记载的传说同故事，虽然可以有几分或较多的真实性！它的来源是现实的反映同初民的信仰！不过总是虚构的成分居多。所谓被保存的故事中的可靠的几分真实性，就是那某一故事或传说所形成以及产生的时代的社会背景，不过到了经过若干年代以后，社会的组织由渐进或突进的演变，而发现了与前一时代的基础组织的根本差异，执笔记载这某一故事或传说的作者，就难免将自己时代的社会背景，不知不觉地添了上去，不过那最初被保留的几分真实性，到这时期至少还被保留了一些，这是可以断言的。

现在我们可以来解释为什么《山海经》中所叙述的家系，一部分以女性为原始的祖先，而一部分又以男性为祖先，一部分又糅合男女二性，仅仅于文字的叙述中，显露出女性的地位较重要于男性的缘故了。

在以上所举的六个例子中，显示出史前时代以女性为本位的社会组织的存在的无可置疑，雷祖、阿女、士敬、登比氏、缘妇、赤水都是这一时代的每一个氏族所拟想的原始的祖先，在这时期，每一氏族都以女性为他们的共同祖先，普通男子的地位低于女子，这一想象的女性祖先，不一定是人类而是属于能生产的禽鸟、野兽，或虚拟的神鬼。到了后来，生产工具逐渐进步，由石器而铜器而铁器，社会生活方面，由渔猎而游牧而农耕，男性逐渐成为家族中主要的生产者，其他方面由于掠夺婚的盛行，使女性的地位日渐低落，自然而然，男性变成一部落或一氏族中的供给者和支持者，这样，便形成了所谓以男性为本位的父系家族，当然这时期的氏族祖先，也采取了以男性为本位的传说中的英雄，或勇猛凶残的兽类了。

黄帝、韩流、鲧、舜、伯陵、炎帝……这些便是这一时期所采用的想象的氏族的共同祖先。

最后人类完全进入文明时代，社会组织日趋繁复，生产工具日益精进，供给过于需求，形成了原始的生产过剩的事实，于是商业上以货易货的习惯从而普遍，另一方面，以人口为货品的买卖婚也由此而起。这样，男性便成为部落中、社会上独裁的专制者，男女两阶级间形成了绝对的悬殊景象。

这时期的家族祖先，也同样地为男性所独占，而女性则被安置于无足重轻的赘余地位。

《山海经》中古代故事的记载，正在这一时期之后若干年，这样，以前所经历的三个不同的演进阶段，便被完全保存在这一记载中。

每一故事的记载者一方面掺入了自己时代的社会背景，一方面又客观地保存着一些原来的景象，另一方面又主观地把前一时代加上后一时代的事实，使之调和。所以我们在《山海经》中所发现的是以上所举的既以女性为共同祖先，而又加上一位男性的、传说中的英雄的混合家系。由于这一种无意的混合，那几分原始以来被保存的真实性，虽被减削，却仍有相当的成分被遗留着。这被遗留的一点，就使我们了解史前时代至有史时代所经历的三个不同的演进阶段，和女系本位的社会组织确曾存在于中国古代社会的这一事实的明证。

表四 《山海经中诸国表》

《大荒北经》

国名	位置	氏族	形貌	其他
牛黎之国			无骨	儋耳之子
犬戎国	赖丘		人面兽身	黄帝孙白犬，肉食
中輈	西北海外流沙之东			颛顼子，食黍
继无民		任姓	无骨子	食气、鱼
苗民	西北海外黑水之北		有翼	颛顼孙，食肉
一目人		威姓		少昊之子
深目民之国		盼姓		食鱼
无肠之国		任姓		
无继子				食鱼
儋耳之国		任姓		
毛民之国		依姓		禹孙修鞈

续表

国名	位置	氏族	形貌	其他
始州之国				有丹山
北齐之国		姜姓		使虎、豹、熊、罴
叔歜国				颛顼子,黍食,使四鸟
大人之国		釐姓		黍食
肃慎氏之国	不咸山			
胡不与之国		烈姓		黍食

《大荒西经》

国名	位置	氏族	形貌	其他
互人之国			能上下于天	炎帝孙
三面人	大荒之山			颛顼子
一臂民				
盖山之国				有朱木
寿麻之国			爰有大暑不可以往	南岳孙寿麻
寒荒之国				有二人,女祭、女薎
轩辕之国				
寸夫之国				
女子之国				
先民之国	西北海之外赤水之西			食谷,使四鸟
北狄之国	西北海之外赤水之西			黄帝孙

《山海经》中的神话系统

续表

国名	位置	氏族	形貌	其他
西周之国		姬姓		食谷
赤国				叔均之国
长胫之国	西北海之外赤水之东			
白氏之国				有大泽之长山
淑士国				颛顼之子
沃之国	沃之野			凤鸟之卵是食，甘露是饮

《大荒南经》

国名	位置	氏族	形貌	其他
羲和之国	东南海之外甘水之间			
䲷头之国	大荒之中		人面鸟喙，有翼，食海中鱼	鲧孙
张弘之国	海中			食鱼，使四鸟
鼬姓之国		鼬姓		颛顼孙
焦侥之国		几姓	小人	嘉谷是食
蜮民之国	蜮山	桑姓		食黍，射蜮是食
载民之国		盼姓		食谷，帝舜孙
季釐之国	重阴之山			食兽，帝俊子
不死之国		阿姓		甘木是食
盈民之国		于姓		黍麦，又有人方食木叶
卵民之国	成山，甘水		其民皆生卵	

续表

国名	位置	氏族	形貌	其他
羽民之国	成山，甘水		其民皆生羽	
季禺之国	成山，甘水			食黍，颛顼子
三身之国	不庭之山甘水穷焉	姚姓		黍食，使四鸟

《大荒东经》

国名	位置	氏族	形貌	其他
女和月母之国				
中容之国	东荒之中壑明山			
埙民之国	大荒之中猗天苏门			
困民国		勾姓		
摇民国				
玄股国	招摇山，融水			黍食，使四鸟
夏州之国				
盖余之国				
黑齿之国		姜姓		黍食，使四鸟，帝俊子
蠃十之国			有柔仆民	
青丘之国				有狐九尾
白民之国		销姓		黍食，使四鸟，帝俊孙
司幽之国				食黍、兽，使四鸟，帝俊孙
君子之国	东□之山		衣冠带剑	

《山海经》中的神话系统　301

续表

国名	位置	氏族	形貌	其他
中容之国	大荒之中合虚山			食兽、木实，使四鸟，帝俊子
芮国				黍食，使四鸟
小人国			名靖人	
大人之国	东海外大言山，波谷山			
少昊之国	东海外大壑			

《海内东经》

国名	位置	氏族	形貌	其他
埻端国	昆仑虚东南流沙中			
玺唤国	昆仑虚东南流沙中			
大夏国	流沙外			
竖沙国	流沙外			
居繇国	流沙外			
月支之国	流沙外			

《海内经》

国名	位置	氏族	形貌	其他
朝鲜国	东海之内北海之隅		其人水居	
天毒国	东海之内北海之隅		其人水居	

续表

国名	位置	氏族	形貌	其他
壑市国	西海之内 流沙之中			
氾叶国	西海之内 流沙之西			
朝云之国	流沙之东 黑水之西			
司彘之国	流沙之东 黑水之西			黄帝后
禺中之国	若水			
列襄之国	若水			
盐长之国			鸟首，名曰鸟氏	
巴国	西南			大皞之后
流黄辛氏				域中方三百里
朱卷之国				有黑蛇，青首，食象
赣巨人	南方			人面长臂，黑身有毛，反踵
黑人			虎首，鸟足	两手持蛇，方啗之
嬴民			鸟足	
苗民				有神曰延维
氐羌		乞姓		伯夷父后
玄丘之民	大玄之山			
赤胫之民				
大幽之国				
钉灵之国			其民从膝以下有毛，马蹄，善走	

《山海经》中的神话系统　　303

《海外南经》

国名	位置	氏族	形貌	其他
结匈国	西南		结匈	
羽民国	东南		长头，身生羽，长颊	
讙头国	在毕方东		人面，有翼，鸟喙，方捕鱼	或曰讙朱国
厌火国	在讙朱东		身黑色，生火出其口中	
三苗国	在赤水东		其为人相随	一曰三毛国
䟾国	在三毛东		其为人黄，能操弓射蛇	
贯匈国	在䟾国东		匈有窍	
交胫国	在穿匈东		交胫	
不死民	在穿匈东		黑色，寿，不死	
岐舌国	在不死民东			
三首国	在岐舌东		一身三首	
周饶国	在三首东		短小，冠带	一曰焦侥国
长臂国	在焦侥东		捕鱼海中	两手各操一鱼

《海外西经》

国名	位置	氏族	形貌	其他
三身国	在夏后启北		一首三身	
一臂国	在其北		一臂一目一鼻孔	有黄马虎文
奇肱之国	在其北		一臂三目，有阴有阳	乘文马

续表

国名	位置	氏族	形貌	其他
丈夫国	在维鸟北		衣冠带剑	
巫咸国	在女丑北			
女子国	在巫咸北		两女子居，水周之	
轩辕之国	在女子国北		人面蛇身，尾交首上	其不寿者八百岁
白民之国	在龙鱼北		白身被发	有乘黄
肃慎之国	在白民北			有树名曰雄常，先入伐帝，于此取之
长股之国	在雄常北		披发	一曰长脚

《海外北经》

国名	位置	氏族	形貌	其他
无䇋之国	在长股东		无䇋	
一目国	在其东		一目中其面而居	
柔利国	在一目东		为人一手一足，反膝，曲足居上	一云留利之国，人足反折
深目国	在其东		为人举一手一目	
无肠之国	在深目东		长而无肠	
聂耳之国	在无肠东		两手聂其耳，县居海水中	使两文虎
博父国	在聂耳东		其为人大	右手操青蛇，左手操黄蛇
拘缨之国	在其东		一手把缨	一曰利缨之国
跂踵国	在拘缨东		人大，两足亦大	一曰大踵

《山海经》中的神话系统　　305

《海外东经》

国名	位置	氏族	形貌	其他
大人国	在䃜丘		为人大,坐而削船	
君子国	在其北		衣冠带剑,好让不争	食兽,使二大虎在旁
青丘国	在其北			其狐四足九尾
黑齿国	在其北		为人黑	食稻,啖蛇
玄股之国	在雨师妾北		衣鱼食鸥	
毛民之国	在玄股北		身生毛	
劳民国	在毛民北		黑	或曰教民

《海内南经》

国名	位置	氏族	形貌	其他
伯虑国	在郁水南			
雕题国	在郁水南			
离耳国	在郁水南			
北朐国	在郁水南			
枭阳国	在北朐西		人面长唇,黑身有毛,反踵,见人笑亦笑	
氐人国	在建木西		人面鱼身,无足	
匈奴	在西北			
开题之国	在西北			
列人之国	在西北			

《海内西经》

国名	位置	氏族	形貌	其他
流黄酆氏之国	在后稷葬西			中方三百里，有涂四方
东胡	在大泽东			
夷人	在东胡东			
貊国	在汉水东北			地近于燕

《海内北经》

国名	位置	氏族	形貌	其他
犬封国	大行伯之东			即犬戎国
鬼国	贰负之尸北		人面一目	
戎			人首三角	
林氏国				有珍兽曰驺吾
盖国	在钜燕南			
朝鲜	在列阳东			
射姑国	在海中			属列姑射，山环之
明组邑	居海中			

原载《史学年报》第 3 期，原题为"《山海经》中的古代故事及其系统"